科学的に裏付けられた教えるスキル

メンタルコーチ
飯山晄朗
Iiyama Jiro

KADOKAWA

現代は、指導者にとって
「試練の時代」です。

「どう教えるべきかわからない」

「どう伝えたら相手に響くのか」

「相手を傷つけずに指摘するには？」


こうした悩みを多数聞いてきました。

仕事の現場では、「教え方」を
学ぶ機会がほとんどないでしょう。
例えば、急に後輩の指導を任されたり、
新入社員のメンターになったり、
管理職に昇進して指導が求められたり。
「どうやればいいの？」と
戸惑う人も少なくありません。

一方で、実は「教わる」側も
苦悩しています。
「ここまでは踏み込まないでほしい」という
各々のラインがありながら、
「仕事の上手なやり方は教えてほしい」
「もっと成長したい」と
密かに感じています。

さらに、人には、
それぞれ異なる性格やタイプがあります。
タイプが異なるから
指導するときに同じ言葉でも、
伝わるときと伝わらないときがある。

教えることはとても奥が深いのです。
教える側と教わる側の双方に、
成長をもたらすものですが、
いつの時代も頭を悩ます厄介なものでも
あるでしょう。

それでも、一つだけ安心していただきたい
ことがあります。それは、
科学的に裏付けられた、
教える方法が確かに存在するということです。

各々の「脳思考タイプ」
というものがあり、
それを知ることで
指導効果も確実に出るのです。

私はメンタルコーチという立場から、
２万人を超えるリーダーたちの悩みを聞き、
好転させてきました。
この本では、先述の悩みにお答えするべく、
科学的な知見と現場での反応から学んだ
「効果的なスキル」を余すことなく
お伝えしていきます。

この本のタイトルは、
「教えるスキル」ですが、
言い換えると
「愉快な関係で成果を残す」ための
スキルでもあります。

「愉快な関係」とは、
お互いが友達のように仲良くなることでは
ありません。
お互いが不愉快にならず、
気持ちよく仕事を進められる状態を
指しています。

つまり、

「教える側と教わる側が円滑に
コミュニケーションを取り、
共に成果を出せる関係を築く。」

ということです。

そんな理想の形をつくっていきたいですね。

本書では、そんな理想を実現するための
「教えるスキル」という武器をあなたに授けます。
その力は、相手だけでなく、
あなた自身の成長も助けてくれるはずです。

「教える」という行為は一方通行ではありません。
教えた相手の行動と成果を通じて、
「自分自身も変わり続ける」という
双方向のプロセスです。

この本を読み終える頃には、
「教えること」への不安が薄れているはずです。
「どう教えるか」を悩む時間が減り、
その分、教えることが楽しく、
そしてやりがいのあるものになるでしょう。

さあ、あなたも一緒に
「愉快な関係で成果を残す」ための
教えるスキルを磨いていきましょう!

まえがき

「いまどきの指導者」がどのようにメンバーと関わればいいか

「ハラスメントってどれだけあるのか調べてみたんです」

自動車関連企業のマネージャーがポツリと言いました。

私は思わず「なぜまたそんなことを調べたんですか？」と聞いてしまいました。

するとそのマネージャーは、

「自分の発言がどれかに当てはまっているんじゃないかと不安になりまして…」

と話し始めました。

ハラスメントに怯えている様子がうかがえます。

「パワハラ」「セクハラ」「マタハラ」の他、「ロジハラ」「テクハラ」「ジタハラ」「カスハラ」など、今なお新しいハラスメントが次々に登場しています。

ネットで調べてみたら、ざっと50個くらいあるでしょうか。

ここまで来ると、話をしたら何かのハラスメントに引っ掛かるような気がしてしまいます。


「一度気にしてしまうと、もう話せなくなってしまうんです」


これは深刻ですね。

なぜここまで思い詰めてしまうのかというと、**自分の関わり方が引き金となって部下や後輩が退職するのではないかとの不安があるからです。**


これは、昨今の「人材不足」が企業の大きな課題になっていることが背景にあります。

我が国は少子高齢化の波を受けて労働の中核的担い手とされる生産年齢人口（15〜64歳の人口）が1995年の約8700万人をピークに減少に転じており、この傾向は将来にわたって継続すると見込まれています（2018年版中小企業白書）。

生産年齢人口の減少により企業の人材不足が深刻化し、労働環境が悪化するなどの問題が起こりやすくなるばかりか、社員のモチベーションが下がり、生産性が低下するなどのケースも出ています。

このような状況の中、大手企業を中心として、

・人材を資本と捉えて企業価値の向上につなげる「人的資本経営」
・従業員の心身の健康を経営的視点から考える「健康経営」
・新たな職業能力を開発する「リスキリング」

といった人材育成や人材確保につながるキーワードが広がりを見せています。

これを実現するべく、外部講師を招く、研修機関に派遣するといった人材育成や教育研修などが様々なところで行われています。

筆者も講師業を営んでいるので、これまで何万人規模の企業から十数人規模の企業まで、スポーツチームも含めて多くの組織やチームで人財教育を行ってきました。

ただ、組織やチームによって個々の組織文化やチームの風土が違うことを鑑みると、その組織やチームに合致した教育をしていく必要があることに気がつきました。

組織内で「教える人」をつくればいいのではないか。

私はこのように考え、個々の組織やチームの実情に合った教育指導を行うインストラクターを育成するための活動を始めました。

この中でよく相談されることを集約すると次の2つになります。

①「成果をつくるためにはどうしたらいいのか」
②「どうやって教えたらいいのか」

そこで本書は、
成果をつくるための型や教え方の型を中心に、脳科学を用いて、これまで企業はもちろん高校野球をはじめとしたスポーツの分野でも効果があった方法を書き記しました。

脳科学と心理学の違い

「脳科学」という言葉は、最近よく見聞きするようになりました。

そもそも脳科学と心理学の違いは何でしょうか。

心理学は学問なので、仮説に対して臨床で証明を行うという方法で体系立てられています。

例えば「Aという刺激を与えたら、Bという反応をした。だから人は、Aという刺激を与えるとBという反応をする」という形式でまとめられてきたのです。

ただ、時代の変化が早く、どんどん多様化していく中で心理学のエビデンスが当てはまらないケースも増えてきました。そこで、心理学の証明を科学で立証しようと試みるようになってきたのです。

「イライラすると脳波がこうなり、リラックスすると脳波がこうなる」
「このような気持ちになるとこういったホルモンが分泌される」
などと表現されることがあります。
「イライラやリラックス」「気持ちや感情」は心理学の分野ですが、「脳波やホルモン」は科学の分野です。

このように、心理学を科学で証明するという手法が主流となってきました。

そして、その科学の中で中心となったのが脳科学だったのです。

今や脳科学は、心理学の分野も含有するものとなりつつあるのです。

実は「脳科学」という表現は日本だけのものです。正しくは、neuroscience（ニューロサイエンス）であり、「神経科学」と呼ばれています。

しかし「脳科学」という言葉が一般的に広く周知されている現状もあり、本書では「脳科学」と表記しています。

本書の「科学的に裏付けられた」とは脳科学的に裏付けられたものとお考え下さい。

成果をあげるための脳の使い方については「日本能力開発分析（JADA）協会」の「スーパーブレイントレーニング（SBT）」のノウハウを活用して、飯山式の実現教育®を企業などの組織で実施しています。このことについてはPart1で取り上げています。

また、脳科学の分野は日進月歩で進化しており、常に最新の脳科学の知見が必要とされます。

これに関しては「ブレインアナリスト協会」で研究を行っています。

「Brain Analyst」は直訳すると「脳の分析官」となります。

現在、明治大学認知脳科学研究室 嶋田総太郎教授、神奈川大学心理学研究者 杉山崇教授、元東邦大学理学部生物学科教授 増尾好則博士によって開発、監修されているコンテンツに携わっています。

何が「科学的」なのか

私は協会のコンテンツ室コンテンツディレクター、シニアブレインアナリストの肩書でも活動しており、脳科学を活用した人材マネジメント手法「科学的マネジメント」を企業や組織で導入しています。

何が〝科学的〟なのかというと、脳科学で脳思考タイプがわかるようになったからです。

脳思考タイプとはわかりやすく言うと「思考の癖」のことです。

私たちの脳には明確に傾向性、つまり思考の癖があることが立証されています。この脳思考タイプに合わせた人材教育が効果を発揮するのです。

本書の構成について

【Part1】では「教える」ことの成果は何かということについて説明しています。

そもそも何を教えるのかというと「成果のつくり方」になりますね。それが販売に関することであれ、製造に関することであれ、サービスの提供に関することであれ、とにかく教える内容は「いかにして成果をつくるか」ということです。従って、成果のつくり方がわかっていると教えやすくなりますね。このことについて、第1章で望む結果に向かうために必要なことを、第2章で実現力を養う方法を、第3章で行動を促していく方法について解説しています。

【Part2】では「教える」対象によって教え方を変える必要性について説明しています。

私たち人間の脳は大きく分けて4つの思考タイプがあることが脳科学の研究でわかっていますので、脳思考タイプに合わせて教えることが効果的な教え方になるということです。

まずは第4章で脳思考タイプについて、第5章では、脳思考タイプに合わせたコミュニケーションについて、第6章では脳思考タイプに応じたモチベーションの上げ方について解説しています。

【Part3】では「教える」をデザインすることについて説明しています。

実際に教える際にどのような手順で、どの教授法を使って、具体的に何を教えていくのかを設計することが大事です。

これを、インストラクショナルデザイン（効果の高い教育内容を設計、提供する手法を体系的にまとめたもの）も含めて解説しています。

本書では、メンバーの主体性とやり抜く力を育むメソッドを網羅し、心理的安全性やハラスメントに真剣に向き合う必要のある「いまどきの指導者」がどのような方法でメンバーと関わればいいかを具体的に指南しています。

本書を通して、教える立場の人や組織のリーダーとしての指導の悩みが解決するとともに、教えられた側が成長し、成果をつくるチームになることを願っております。

科学的に裏付けられた
教えるスキル

CONTENTS

Part 1
「教える」ことの成果ってなに？

第1章 望む結果に向かうために

第2章 実現力を養うために

第3章 行動を促すために

Part 2

「教える」対象によって教え方を変える

第4章 脳思考タイプを知る

第5章 脳思考タイプに合わせたコミュニケーションとは

第6章 脳思考タイプに応じたモチベーションの上げ方

Part 3

「教える」をデザインする

第7章 教育指導のフレームワーク

第8章 学びを促進させる

第9章 すべては問いから始まる

Part 1

「教える」ことの成果ってなに？

skills to teach

「成果のつくり方」を理解すると、教えることがラクになる

例えばゲームをするとき、そこには必ず明確なゴールが設定されています。「ボスを倒す」「スコアを積み上げる」「謎を解く」など、目的がはっきりしているからこそ、プレイヤーは楽しみながら目標達成に向けて挑戦し続けるものです。

この仕組みは、学びや指導においても同じです。

そして、教える内容の核となるのは「成果のつくり方」です。

例えば販売、製造、サービス提供など、教える対象が何であれ、結局のところ重要なのは「いかにして成果を生み出すか」ということですね。

この視点を軸にすると、教えるプロセスが一気にクリアになります。

「成果のつくり方」を理解すること自体が、教えるという行為をシンプルかつ効果的にする鍵になります。

そこでこのパートは、「成果のつくり方」を3つの段階で解き明かしていきます。

第1章では、「望む結果を明確化し、そこに向かうために必要な要素」を整理します。これをゲームに置き換えれば、目標設定とそれに向かう道筋をデザインするプロセスに当たります。

第2章では、「成果を実現するための力を養う方法」に焦点を当てます。プレイヤーがスキルを磨き、レベルアップするように、必要な能力や知識をどのように育てるかを解説します。

第3章では、「行動を引き出し、成果に向けて継続的に進むための仕組みづくり」を紹介します。これは、ゲームにおける達成感や報酬システムを活用し、モチベーションを維持する工夫と似ています。

「成果をつくる」という行為は、ゲームと同じく、明確なゴール、挑戦、進歩の実感によって成り立ちます。

教えることにおいても、この構造を意識することで、伝える内容がより鮮明になり、学ぶ側の意欲を引き出しやすくなるのです。

ゲームのように楽しみながら「成果のつくり方」をマスターするための道筋を一緒に描いていきましょう。

第1章 望む結果に向かうために

skills to teach

「どんな結果を望んでいるのか」を知る

「仕事で『こんなふうになっていたらいいな』と思うことはなんですか？」

研修などでこういった「問い」をします。

そうして「自分はどうなっていたら嬉しいんだろうか」と考えてもらうことがとても大事です。なぜなら仕事をする上でワクワク感が非常に重要になるからです。

このワクワク感がドーパミンの分泌を促し、やる気に火をつけるのです。

例えば、旅行する計画を立てているとき、友人やパートナーとの食事の予定を考えているときは、ワクワクしながら集中して取り組んでいると思います。

このように何か報酬（ここでは喜びや達成感などを指す）を期待している状態はドーパミンが分泌され、**またその報酬を得ようと脳が働いてくれます。**

実際に実現できるかどうかは関係ありません。

「そうなった自分を思い描くとワクワクする」状態をつくることが重要なのです。

ですから、**まずは「どうなっていたいのか」を考えさせる。**

一つとは限りませんから、思いついたことを書き出してもらうといいですね。

このとき一緒に「そうだよね。それ、大事だね」などと声をかけながら進めることが大事です。「もうないかな」と思っても「他には？」などと促す質問をして、できるだけ多く書き出してもらいましょう。

「売上金額でＮｏ．１になる」「後輩から慕われるリーダーになる」「年収が１０００万円になる」「不適合をゼロにする」など、たくさん書けたということも喜びになります。

ひと通り出尽くしたかなと思ったら、次に、書き出した中から「最も実現したいこと」を選んでもらいます。

「まずはこれだな」ということを一つに絞ってもらいます。

例えば「売上金額でNo．1になる」を選んだとしましょう。

そうすれば、「後輩から慕われるリーダー」にもなれるかもしれませんし、「年収が1000万円」にも近づくかもしれません。

このように、このことを実現すると他の望む結果も実現できそうだと思われる事柄もあるでしょう。そして望む結果の最優先事項を決めたら、次に行うことが、「なぜそのことを選んだのか」という理由を考えることです。

そのことを実現したい理由、つまり目的が明確になると努力する原動力になりますね。

成果をつくるためには、どんな結果をつくりたいのか、なぜその結果をつくる必要があるのか、を考えることからスタートです。

望む結果を目標にする

さて、それでは望む結果を目標にしましょう。

「目標」という漢字に注目すると、「目」で見える「標（しるし）」なんですね。

つまり目標は目で見えないといけないのです。

だから「到達できたかどうか」がわかる数値が入った表現にします。

例えば「来年度の決算時に、売上金額1億円を達成して社内でNo．1になる」というような表現にします。

また期限を決めることで、目標に向けて何をいつまでに行う必要があるかが明確になります。

例えば、「いつか本を出版する」という漠然とした目標よりも、「12月末までに本を完成させる」と設定することで、具体的な行動計画を立てやすくなりますね。

まとめると、

1．実現したいことを一つに絞る

2．到達状況がわかる表現にする（数値化する）

3．期限を決める

ということが必要になります。

こうして「望む結果」＝「目標（行き先）」が決まり、「実現したい理由」＝「目的（燃料）」が積まれました。

skills to teach

「いまどこにいるのか」を理解する

向かう目的地は決まった。

さぁ、出発だっ!!

と、ちょっと待って下さい!

目的地を決めただけで、いきなり走り出してはいけません。**ゴール地点(目的地)を決めたら、次はスタート地点(現在地)を明確にしておく必要があります**。

カーナビゲーションも目的地だけ入力してもルート検索はできません。現在地がわかっているから、現在地から目的地までのルート検索が可能になるのです。

仕事の中での現在地とは、**「現状を把握する」**ことになります。

現状分析のコツ

現状分析がとても重要なのです。

例えば次のような「問い」が現状を知るのに効果的です。

- **あなたのプラス面は何？**
- **持っているものは？**
- **使えるものは？**
- **無いと困るものは？**
- **これまで顧客の反応が良かったことは？**
- **これまでの実績や良い結果は？**
- **サポートしてくれそうな人は？**
- **誰のサポートがあればいい？**
- **ゴールに向かうために必要なものは？**

これを**「前提条件」**とも言います。

前提条件を理解しておく

前提条件とは、ある物事の前提となっている事柄、事項のことなのですが、まずはこの前提条件を洗い出すことが大切です。

高校野球で言うと、ベンチ入りできない選手が「レギュラーを獲得したい」と思っているとしましょう。

前提条件では「レギュラーから見ると技術的に劣る」という選手が多いわけなのですが、その不利を埋めるために何か有利なところはないかと分析するのです。

例えば「足の速さは上位だ」となれば、その足を生かしてみることを考えるということです。

私自身の例で言うと、「講師として活躍したい」「全国で講演ができるような講師になりたい」と思いました。

前提条件では、石川県金沢市に居住している、中小企業診断士、プロコーチ、（前職の）経営指導員としての知識と経験、（これまた前職の）プログラマーとしての論理思考やNo．1営業パーソンとしての営業力など…という具合に考えていきます。

そして、前提条件をもとに**「予見」**していきます。

予見とは、物事の起こる前に、その事を見通すことを言います。

この前提条件でゴールに向かうときに、どんな方向性で取り組めばいいのかを考えることです。

高校野球の例では、「足が速いほうだ」となれば、その足を生かしてみることを考えてみます。バントやゴロを打つ技術を伸ばして出塁率を上げることが考えられますね。

さらに盗塁の技術を伸ばすことでレギュラーを目指すということになります。

私の例では、「コーチングができる中小企業診断士」としてブログやメルマガで発信していくことを考えました。2004年からスタートしたブログやメルマガも6500本超（2024年12月現在）になります。しかし、全国的にみると影響力のある範囲は相当に限られていました。

だから本を出版することが必要だと考えたのです。

そのために実績が必要なので、「高校野球」の領域で成果を出そうということになりました。

企業でも「技術力がある」「品質がいい」「低価格でできる」「短納期に対応できる」、これらの前提条件を洗い出して、分析して予見していったのです。

「なぜその目標を達成する必要があるのか」を明確にする

目標（目的地）が決まり、現状（現在地）と前提条件を洗い出すことでどこからスタートするのかがわかりました。そして、目標に向けた予見もしてきました。

よし、これで出発だっ!!

と思ったら、燃料（モチベーション）が足りない…ということがあります。

だから燃料を満タンにして出発しましょう。

人間にとって燃料に当たるのが「何のために」という目的です。

これまで多くの経営者やビジネスパーソン、アスリートに関わってきていますが、仕事や競技へのモチベーションが劇的にアップする瞬間があります。

それは、オリンピック選手であれば、

「なぜオリンピックでメダルを獲得したいのか？」

ビジネスパーソンであれば、

「なぜこの仕事で成果をあげたいのか？」

高校球児であれば、

「なぜ甲子園に出場したいのか？」

受験生であれば、

「なぜ合格したいのか？」

という目的が明確になったときです。

車で言うとガソリンが満タンになった状態ですね。

私たち人間は「何のために」が走る原動力になるのです。

明確な目的を持つことで、報酬を予測する脳領域（側《そく》坐《ざ》核《かく》など）が活性化し、行動の持続力が高まることが脳神経科学でも確認されています。

行動するためのモチベーションが引き出されたとき、教育者としては最高の瞬間となります。

目標は目に見えるものなのでわかりやすいですし、意識もしやすいですね。

しかし、**大事なことは「なぜその目標を目指すのか？」という問いかけに答えられることです。**

さらに、これを何度も問い続けることが大事です。

なぜなら、私たちは目の前のことに追われて、「何のために」という目的を忘れてしまうことがあるからです。

チームへの貢献が個を伸ばす

そして、大事なことをお伝えします。

会社などの組織に属しているのであれば、個人のことよりも会社や組織への貢献を優先することです。

「会社の目標が達成できたらそれに越したことはない。でも達成できなくても自分には大して関係ないな」なんて考えている人は要注意です。

プロスポーツでも企業でも、自分が個の力を伸ばすことで、チームや会社に貢献できるなんて勘違いしている人がいます。

逆なんです。

チームや会社への貢献が最も大事で、それが個を伸ばすことにもなるのです。

そうしないと、「仕事に拘束される時間は長いのに、給料はさほど高くはない」とか「会社のためにこんなに働かされているのに、どうして環境に恵まれないんだ」などと不満を募らせてモチベーションが下がってしまい、ガス欠を起こして立ち止まってしまいます。

自分の目標よりも、チームや会社の目標のためにがんばるほうがより高いモチベーションを保てます。

その結果、確実に自分にレベルアップをもたらすのです。

つまり、会社の目標と自分の目標をしっかりつなぎ合わせて働けば、毎日の仕事ぶりが変わり、周りからは好評価を得られ、信頼される存在にもなります。

教える側としては、このことを理解した上で「何のために」を相手に問うていきましょう。

「どんな順序で進めるか」を考えていく

「目標を実現させるために最も大事だと思うことは何ですか？」

このような質問をされたときには即座に**「選択と集中です」**とお答えしています。

なぜ目標が実現できないのかというと、その多くは「あれもこれも」やろうとするからなのです。

脳は一度に一つのことしか集中できません。

つまりあれもこれもやるとすべてが中途半端な取り組みになってしまうのです。

実は私も、15年くらい前にビジネスが大きく傾くような事態が起きました。

まさに「あれもこれも」やろうとしていました。

自分でも何をしているのかがわからなくなってしまう状態でした。

「得るは捨つるにあり」

という言葉があります。

何かを得ようと思えば、何かを捨てる覚悟がいるということを表現しています。

主なものに「時間」がありますね。

例えば、資格取得を目指そうと思えば勉強の時間を確保しなければなりません。

そのために、これまで趣味に使っていた時間や家族との時間を削る必要があるかもしれません。


ただ、実は「捨ててしまう」ということではありません。

優先順位の問題なのです。

まず、ここまで行って、次にあそこに向かって…

といった具合に、優先順位を決めて歩み始めること。

これが目標実現の近道なのです。

チャンクダウンを活用する

優先順位を考える際にコーチング手法の「チャンクダウン」を使うといいですね。

チャンクとは、まとまった「かたまり」を意味する言葉で、チャンクダウンは、このかたまりを複数の小さいかたまりに分割するという意味です。

例えば、まず「目標に向かうために必要なことは何ですか？」といった質問で選択肢を出していきます。

次に「最も優先したいこと（すべきこと）は何ですか？」「その理由は？」「その次は？」といった質問で具体的に取り組む順序を決めていきます。

時間や労力、お金など、限られたリソース（資源）の中で取り組むわけですから、あれもこれもというわけにはいきません。

「今は、何をして、何をやらないのか」を決めることが必要になります。

「成果をあげるための秘訣を一つだけ挙げるならば、それは集中である」

現代経営学の父と称されるピーター・ドラッカー氏はこのように言っています。

脳の仕組みからしてあれもこれもは集中できないのです。

だから、「まずはこれ」と「選択」してそこに時間と労力、お金を「集中」させる。

その目標が実現したら、次の目標へ。

このように取り組むから、実現しやすくなるんですね。

まず何から取り組むか、そしてどれだけの期間集中して行うかをサポートしていきましょう。

skills to teach

「何を記録するか」を考慮する

試合に勝つ、打率を上げる、得点を上げる、タイムを上げる…

スポーツ競技はスコアがあり、結果もわかりやすいですね。

例えば、ゴルフのスコアを今年は90から80にしたいと思っているとします。

「よし！　来年は80を目標にしよう！」

「俺はできる！」

ポジティブで素晴らしい姿勢だと思うかもしれませんが、実際のところ、どれだけ強く願おうが、真剣に考えようが、90を80にするというのは単なる期待であり、来年は今年よりうまくなりたいという願望に過ぎません。

このまま願い続けているだけではスコアが80になることはないですね。

ではどうすれば良いかというと、平均90のスコアを分析して、どこを改善すれば良いかを考え、それに基づいた目標を設定し、達成のための練習計画を策定することです。

ゴルフでは当たり前だと思っていることも、仕事の現場ではできていないことが多いですね。

そこで仕事のスコアをつける（記録する）ことを考えてみましょう。

仕事のスコアをつける

スコアをつけることで、例えばこんな効果があります。

- **過去との比較が容易になり、成長が見える**
- **現実的なフィードバックができる（得られる）**
- **何をどのように改善するかも明確になる**
- **現実的かつ達成可能な目標設定ができる**

ここで、スコアをつける際の注意点があります。

ミスや失敗といったネガティブな事柄に目を向けないということです。

三振やエラーの数、ミスショット率…

欠勤率、欠品率、不良率、納期遅れ、赤字の月数、問題発生数…

挙げたらキリがありません。

そして普段のフィードバック（言動に対する言葉かけ）も、うまくできていることではなく、ミスや失敗したときにのみ行われていることがあります。

これではうまくできない習慣をつくっているようなものです。

やっぱりミスや失敗ではなく、望ましい行動を習慣にしたいですよね。

ポジティブな事柄を記録

そこで、ポジティブな事柄を記録する「ポジティブ・スコアリング®」を提唱しています。

目標に向けたポジティブな行動を記録するのです。

「できた」を増やすことで、自信をつける効果もあります。

私も毎日メールマガジンを配信していますが、メールマガジンの題名の横に本数を記録しています。

「6500本目」（2024年12月現在）という数字です。

毎日書くたびに「1」ずつ本数が増えていきます。

ある意味、毎日が自己記録更新です。

毎日〝自分超え〟をしていますのでモチベーションも上がりますね。

訪問した客数、見積書を作成した数、納期どおり収めた日数、安全に運行できた日数など。

こうしたポジティブなスコアをつけていきましょう。


そして、フィードバックしていきます。

大事なことは、「どのように」ではなく「どれほど頻繁に」ということです。

できれば毎日フィードバックすることが望ましいですね。

フィードバックの回数が増えれば増えるほど、ほぼ間違いなく仕事は進化していきます。

skills to teach

「義務感」を捨てる

目標も決まって目標に向かうために何をスコアリング（記録）するかも決めました。

「よし、あとは実行するだけだ！」

と意気込む前に、もう少し考えていただきたいことがあります。

目標に向かう行動はある意味「やらなければならないこと」だったり「やるべきこ

と」になります。これを私たちは「努力」と言っていますね。少し前になるでしょうか。「努力はウソをつかない」なんていうスポーツブランドのテレビCMを憶えていらっしゃる方も多いと思います。

とても素敵なキャッチコピーですが、では、「努力をすれば成功できる」ということに関してはどのように思われますか？

そう問われると、「そうとは言い切れない気がするかも」という人も多いのではないでしょうか。

はい、そのとおりなんです。実は努力をしても成功するとは限らないのです。

どれだけ努力しても、報われないことはあります。

では、どんな努力が報われないのでしょうか？

私が企業などで教育指導する際に一番気にかけているのが、受講者たちの表情です。

目標に向かってワクワクした表情で取り組んでいればいいのですが、中には「目標を達成しなければいけない」「仕事を完了させなければいけない」「今日中に終わらさなければいけない」「メンバーとコミュニケーションを取らなければいけない」と言いながら悲壮感が漂っている方がいます。

そういうメンバーがいたら要注意。その方は報われない努力をしている可能性が高いです。

なぜ努力が報われないのかというと、その努力に「しなければいけない」という義務感の感情を抱いているからです。

これは脳にとって非常に不快な状態ですから、集中できず、効率も上がりません。だから、いくら努力してがんばっても報われないのです。

こんなことを続けていては目標達成どころか、最悪の場合、体調が悪くなったり、メンタルを崩したりするかもしれません。

ということは、脳が快く感じる努力なら報われるはずです。

ゲームのように仕事する

例えば、スマホでゲームをやったりYouTubeを見ているときはどうでしょう。楽しくてぜんぜん苦になりませんし、時間を忘れて集中してしまいますよね。

これと同じように仕事に取り組めたら、どうでしょう。

必ず成果をあげることができると思いませんか？

「そうは言っても、仕事とゲームは違うから」などという反論がありそうですが、私からしたら同じです。
高得点を出したり、強敵を倒したり、新しいアイテムを手に入れたり…
やっていることは仕事と同じですね。
そしてクリアしたら「よっしゃー」とか「できた！」と言いながら笑顔になったり
拍手したり、ガッツポーズをしているかと思います。
実はこれがポイントなのです。

脳は「思っている」ことよりも「やっている」ことを信用します。


一つの仕事を終えたら「よっしゃできた！」と笑顔で言う。

何かを達成したら笑顔で「やったー！」とバンザイする。

このように表情や動作、行動を変えることで、脳は「このことが楽しい」と認識してくれるのです。

「やりなさい」では義務感になってしまいますから、部下や後輩と一緒に喜びを表現してあげて下さいね。

「お祝い」を習慣にする

楽しんで努力することを前項でお伝えしましたが、これを部下や後輩と一緒にやってほしいのです。

そして、もっと目標に向けた努力を楽しむために「お祝い」も用意してみてはいかがでしょうか。

ミスをしたり、失敗に対して通知を出す、周知するということはあったりしても、良かったこと、できたことに対する通知や周知を図るといったことは少ないかもしれません。

ある意味、できることが〝当たり前〟になっていることが多いからだと思います。

例えば、ものづくりをしている製造業でも、不具合や不適合など不良に関することを周知する、会議で発表するということはあっても、納期どおり納めた、不良がなかった、誰も怪我なく安全に仕事ができた、ということを通知する、会議などで発表するということは少ないかもしれません。

すると社員は「また不良だよ」「必ず何か不良が出てくるな」などとネガティブになってしまいます。

本来の目的は「改善してほしい」「不良が出ないようにしてほしい」ということなのですが、実際には不良は一向に減らないということがあります。

これは脳が「何に意識を向けているか」ということに関係しています。

脳はイメージを実現しようとする

脳は意識していること、イメージしていることを実現していきます。

不良に意識を向けると不良を出したイメージが湧いてきて、不良を出してしまうことになります。

脳はイメージしていることを実現しようと働くからです。

ですから、不良ではなく、良いことやできたことに意識を向けて、できるイメージを持てるようにしたいですね。

そこで、できたことに対して「お祝い」をすることをお勧めしています。

先の項でご提案しました「ポジティブ・スコアリング®」で、目標に到達したということはもちろん、連続何日続いているとか、先月よりも増加したとか、進捗率が一番だとか、昨年より伸び率が2倍になったとか…

他にも様々な切り口で「お祝い」のタイミングができるはずです。

実はこの「ポジティブ・スコアリング®」は《皆を勝利者にする》という裏の効果も期待しています。

目標に向けた行動を評価する

会社都合のデータ（結果の数値）で評価しているだけでは、一部の人は喜びますが、ほとんどの人は不満になっています。

そうではなくて、自分で決めた目標に向けた行動（スコアリング）を評価してあげる。

社内で通知や周知してあげる、会議で発表するといった方法以外にも、朝礼などで皆で拍手してあげる。

進捗率トップ、先月対比伸び率トップなどの社員には、月に1回の食事会に参加できるなど、何らかの「お祝い」を用意するといいでしょう。

こうすることは、「望ましい行動」を習慣化することが目的です。

ダメ出しを習慣にしている会社は多いですが、「お祝い」が習慣になっている会社は素敵ですよね。

「悲観的」に計画する

ここまで、目標に向かう努力を楽しめるように導き、望ましい行動を習慣化していくことについてお伝えしてきました。

なぜなら脳は、ただ単に努力しようとすると不快になり、努力が続かなくなるからです。

しかし、望ましい行動をしていても、想定していなかった困難に遭遇すると「ダメかも」と脳が否定的になってしまうことがあります。

これは、うまくいくことしか考えていなかったために起きてしまうのです。

2024年パリ五輪が開催されましたが、ある競技では強豪国が格下と思われる国に大苦戦してしまうという場面も見受けられました。

そのとき強豪国の選手は「コミュニケーションを取らずに、チームとして成り立ってなかった」とインタビューに答えています。そもそも押される展開を想定していなかった。つまり〝想定外〟だったということです。

対して、今や世界一の野球選手となった大谷翔平選手を例にとってみましょう。エンゼルスでの本拠地初登板初先発で12奪三振を達成し、あわや完全試合という快投を見せたことがあります。

このとき、大谷選手は完全試合であることを理解しながらも、その先を見据えマウンドに立っていました。これを「前代未聞のメンタリティ」と、試合後に会見で質問をした米スポーツメディアの記者が感銘を受けたと言います。

どんなやり取りがあったかというと、会見で「完全試合だと知っていたか?」という質問に対して、大谷選手はこう答えました。

「ヒットを打たれてないのは知ってましたけど、完全試合をしようという感じはなかった。むしろいつ出るか待っていた。出たときにどう気持ちを整理して次のバッターにしっかり向かっていけるかが大事」と。

ヒットを打たれることを想定していたんですね。

もし完全試合だけを意識して、ヒットを打たれまいと思いながら投げていたら、ヒットを打たれた瞬間に気持ちが切れてその後は崩れてしまう。こんな光景はよくあることです。

しかし、大谷選手はヒットが出ることを想定した上で、そうなったときに心を整えられるように準備していたということです。

計画段階で危機管理を徹底する

仕事の場面でも同じことがあります。

例えば、主要クライアントA社との取引高が全体の30%以上を占めているとすると、当然A社へのウェイトは非常に高くなります。

一方で、納期のタイトなプロジェクトが多く、予期せぬトラブルが発生するリスクも高い状況だとしましょう。

ここで想定されるリスクとしては、急な仕様変更や納期短縮の要望が発生し、チーム全体が対応に追われる状況になるということが考えられます。

対応策としては、

・「もしも仕様変更があったら」「納期が2週間短縮されたら」などのシナリオを用いて各メンバーがどのように動くべきか役割分担を明確にしておく

・コミュニケーションの頻度を多くして、事前に情報をキャッチしておく

などということが考えられます。

このように前もって起こり得るピンチを想定して、対策を打っておくことを「危機管理」と言います。

よく「PDCA」と言われる、「計画→実行→評価→改善」というマネジメント・サイクルがあります。

このサイクルで重要なことは、計画段階で危機管理をしておくということです。起こり得るすべての問題や障害などを列挙して対応策を練っておく。

「治にいて乱を忘れず」（平和なときも万一に備えておく）です。

そうすると、実際にそのような状況になっても、慌てず、落ち込まず、プラス思考で臨めますね。

「ピンチ」のときの対処法をつくる

先の項で「PDCAサイクル」について触れました。ビジネスの世界ではよく使われる手法ですが、PLAN（計画）に危機管理を盛り込んでおくことの重要性についてはお伝えしました。

ただ、いくら危機管理をしていても、DO（実行）の段階でやはり想定外のことが起きたり、実際に想定していたピンチが目の前に現れたりしたときに、どうしても脳が否定的になってしまい、その後の行動に支障をきたしてしまう事態になることがあります。

ピンチになったとき、「こんなはずじゃない」「これは何かの間違いだ」「どうしてこんなことになったんだ」などと起きたことを拒絶してしまいがちです。

そうすると、今の状況から逃げたくなり、「もうダメかも」と諦めが脳内を占領し始めます。

このままだと脳が燃え尽きてしまい、次に向かえなくなります。

ではどうすれば良いのかというと、まずは《受容する》ということです。

受容するということ

例えばこんな言葉を使ってみます。

「これがいい」「面白い」「ありがたい」などと笑顔で口にします。

脳は思っていることよりも、口にした言葉や、態度、表情、行動を信用するという性質があるので、これを活用します。

こうしてまずは脳をポジティブにしてから、今回の出来事が、目標達成などの成功を掴むためにどんなプレゼントをしてくれたのかを考えてみます。

例えばこんな問いをしてみると良いでしょう。

「何に気づけと言うことなのかな？」

「何の意味があるんだろう？」

「何を学べと言っているのかな？」

「どこを成長しろと言っているのかな？」

こうして起きることを拒絶するのではなく受容する。

こうすることで、次に向かう心構えがつくりやすくなります。

「ピンチはチャンス」とよく言われます。

しかし、いくら意識の脳で「ピンチはチャンスなんだ」と考えていても、無意識の脳が「ピンチはピンチでしょ」と思っている以上、ピンチはピンチでしかありません。

実は、ピンチをチャンスに変えることができる人というのは、ピンチになると脳が一旦は不快になるのですが、すぐさま脳を快にできるようになっているのです。


特筆すべきは、大谷翔平選手が2024年のワールドシリーズ進出をかけた試合で負け、1勝2敗となり地区シリーズ敗退の瀬戸際に追い込まれた際にインタビューで語ったこの言葉です。

「後がないという感覚自体が今の僕には特にない。2連勝すればOK。そういうゲームだと思う」

そして地区シリーズを制した後のインタビューでも、「そう思わなければいけないということではなく、本当にそう思っていた」と話しています。

実際の行動は心の状態が反映されます。

目標に向けて行動し続けるには、心の状態をポジティブな状態にキープしておく必要があるのです。

ピンチになったら、誰でも脳は不快になってしまいます。

だからこそ、ポジティブな言葉や態度、表情によって、脳に「これがいい」と錯覚を起こさせることが大事になるのです。

skills to teach

「正しい」評価と分析を行う

ここまで「PDCAサイクル」のDO（実行）について、目標に向け計画どおりに実行すること。その実行を楽しんで行っていくこと、そしてピンチのときの対処法も確認してきました。

ここではCHECK（評価・分析）について触れておきます。

仕事の現場でよく起きることが、評価・分析ではなく「反省」をしてしまうということです。

「反省」を「reflection」と英訳することがありますが「reflection」は反省ではなく「振り返り」です。

「振り返り」と「反省」とは違います。

「反省」を辞書で調べるとこのように書かれています。

「自分の行動や言動の良くなかった点を意識しそれを改めようと心がけること」

つまり、「良くなかった点」に意識を向けるわけです。

だから、私たちは昔から「反省」という言葉には良いイメージがないんですね。

反省して何があるかというと、否定的な感情を強く記憶させることです。

そして、自分がダメな人間だということを思い込ませ、自己肯定感を失わせているわけです。

少し極端かもしれませんが、反省しても何も解決しないんですね。

実は、反省ではなく「振り返り」が必要なんですね。

プレゼンや商談が終わった。

大事な仕事をやり終えた。

実は、この瞬間から次の勝負が始まっています。

もちろん良い結果が出たときは、大いに喜びましょう。

結果が悪かったときは、悲しみ、悔しさを表に出して下さい。

良い結果のときに喜ぶことは、脳に肯定的な記憶データを蓄積することになり、次もがんばろうという気持ちになります。

悪い結果を悲しんだり、悔しがることは、ストレスの発散になります。逆に悲しさや悔しさを押し殺していると、そのときの否定的な感情が深くなってしまいます。

しかし、嬉しい気持ちを引きずると、満足して気が緩みやすくなります。悲しい気持ちを引きずると、諦めてしまい立ち直りにくくなります。嬉しさや悲しさをいつまでも引きずってしまうと逆効果になってしまうんですね。

「できたこと」から評価を始める

だから、実行後の評価・分析の役割は、実行を振り返ることで次のACTION（改善・適応）に向かわせることなのです。

ではどのように振り返ればいいのかと言うと、「うまくいったこと」「できたこと」からスタートします。

まず脳をポジティブにすることが大事です。

その後に「うまくいかないこと」「できないこと」ではなく「改善すること」を考えます。

そして最後に「次はどうする」と次の一手を考えるのです。

この「振り返り」を行うことで、自己効力感を養え、改善点も見つかり、未来の行動も見えるようになるのです。

第3章 行動を促すために

skills to teach

「明るい雰囲気」を作り出す

「会社をもっと良くしたい」と経営者の方から相談されることは多いです。

社員が生き生きと働き、業績も向上して、皆が幸せになれるような会社にしたいということです。

こんな会社になったらみんな嬉しいですよね。

そのために重要なことを挙げるとすると…数え切れないくらい出てきます。

その中でも私が最も重要だと考えているのは、**「明るい雰囲気をつくる」**ということです。

たしかに、暗い会社で業績が良いという話は聞いたことがありません。

スポーツチームでも同じですね。

暗いチームで強いというところはありません。

業績は雰囲気に比例します。

だから、「まずは明るい雰囲気をつくることから始めてみましょう」とお伝えしています。

明るい雰囲気をつくる方法

そのためには、まずリーダーである私たちが明るく朗《ほが》らかでなくてはいけません。

明るく朗らか、つまり**「明朗」**であること。

明朗とは「明るく朗らかな性質、また不正のないこと」を意味することからもわかるように、明朗であることはとても重要なことです。

そこで、この明朗を身につける考え方の習慣をどう実践すべきかを考えていきます。

まず行動の習慣からです。

脳は、思いよりも言葉や動作を強く信用しますから、行動から脳を変えていきます。

明るい気持ちや、やる気を起こさせるには、言葉と共に動作、表情、姿勢、行動といった「振る舞い」を変えるのです。

笑顔を習慣にする

そして、こうした「振る舞い」の中でも最も効果的なのが「笑顔」です。

明るい感じのいい笑顔でいるだけでＯＫです。

誰かに接する際も明るい感じのいい笑顔で接することができるだけで、対人関係は円滑になりますね。

それだけ「笑顔」には大きな力があります。

自分の能力の発揮や対人関係においても最も重要な武器になるのです。

その力を物語るように、甲子園や箱根駅伝の上位校の選手は皆「笑顔」でいる人が増えましたね。

では、明るい笑顔が自然にできるようになるには、つまり習慣にするには、どうすればいいでしょうか。


今回は、次の2つの方法をお伝えします。


1つ目は、毎朝、鏡の前で笑顔の習慣をつくることです。

朝の洗顔後、鏡に向かってニッコリ笑いながら、

「おはよう、自分。いい笑顔だね。今日も一日、笑顔あふれる日にしよう!」

と自分に言い聞かせます。恥ずかしがる必要はありません。そうすることで明るい表情のイメージをしっかりと脳に記憶させるのです。


イメージ(入力)をプラスにして、振り(出力)をプラスにすること、つまり脳への入力と出力をプラスにすることで、プラスの記憶が強化されます。

これを毎日実践していくうちに、外でも鏡を見た瞬間に笑顔になってしまうくらい

です（笑）。

2つ目は、サポートしている企業でも実践してもらっているのが「明るい朝礼（ミーティング）」です。

いくつかの事例をご紹介します。

・Good & New を話す。
仕事や日常生活で良かったことや新しい発見を述べて、皆で「良かったね」「すごいね」などと言って笑顔で拍手をする。

・感謝の気持ちを述べる時間を設ける。
「昨日、〇〇さんのおかげで助かりました」のような具体的な感謝を述べて、皆で感謝された人に向かって笑顔で拍手をする。

・表情のエクササイズをする。
リーダーが「笑顔」と言って皆が笑顔を、「怒った顔」と言って怒った顔を、「変顔」

と言って変顔を、「最後は今日一番の笑顔」といって最高の笑顔をつくる。

といったように朝から雰囲気が明るくなるような朝礼やミーティングができたら良いですね。

「誰かのために」が諦めない力になる

最近「コンパッション」という言葉を目にすることがあります。社会生活で心身の健康を重視する「ウェルビーイング」の機運が高まっていますが、これと関係があるかもしれません。

コンパッションは、簡単に言うと「思いやり」と解釈してよいでしょう。「他者への思いやり」「誰かのために思いやりを送る」ということだという認識です。**この他者への思いやりによって幸福を感じることで、幸せホルモン（ドーパミン、セロトニン、オキシトシンなど）が脳幹から分泌されます。**

京セラの創業者でＪＡＬを再生した稲盛和夫氏の講演を拝聴した際にこのようにお話しされていました。

「多くの経営者は、自分の都合のいいように判断をしてしまいがちです。利害関係のないときには正論を吐き、立派なことを言っている人が、いざ自分の損得が絡むと態度が一変してしまう。そんな人はリーダーとしての資質を欠いています」と。

ではどのような判断基準で考えればいいのでしょうか。

もちろん法律や社会通念上の判断もありますが、稲盛氏もおっしゃられているのが「利他の心」、つまり「誰かのために」です。「誰かを喜ばせたい」という純粋な気持ちが人を動かすのでしょう。

アドラー心理学のアルフレッド・アドラーの言葉の中に、「人生におけるあらゆる失敗の原因は、自分のことしか考えていないことにある」というのがあります。

これは主に対人関係について述べたものですが、脳についても同じことが言えます。

「自分のことだけしか考えない人は、脳が燃え尽きやすくなる」

ということです。うまくいかないことが続くと、諦めやすくなります。自分のことだけしか考えていないから「まっ、いいか」「仕方ないね」となってしまいます。

また苦しいことがあると、そこから逃げてしまいます。「なんで自分がこんな目に遭わなければいけないんだ」「やってられない」とそこから逃げ出したくなります。

感謝は「プラス思考」になる

そこで、「自分のためより、誰かのために」という脳をつくります。

そのために「感謝」の心が必要なのです。

オリンピック選手など一流のアスリートからは、よく「感謝します」という言葉が聞かれます。

私たちの脳は、感謝するとエンドルフィンというホルモンが分泌されます。

エンドルフィンが分泌されると、大きなストレスを感じる逆境の場面でも、プラス思考で臨めるようになるのです。

心学の研究を行い、講演家として、そして著述家としても有名な小林正観氏は、「人間がほんとうに心の底から幸せを感じられるのは、喜ばれたときです」と語られています。

私が今の仕事を続けられるのは、まさにこれがあるからだと言えます。

喜んでくれる人が見える。「ありがとうございます」と言われる。

これが嬉しくて、幸せを感じる瞬間でもあります。

だからやめられないんですよね。休みが無くても全く問題ありません。

私たちは、人とのつながり、社会とのつながりを意識して生きています。

誰かに喜んでもらえると思えることは、どんどんやっていこうとしますよね。

もっと言うと、どんな仕事でも必ず喜んでくれる人が存在するということです。

そもそも喜ぶ人がいない（必要ない）のに、その仕事が存在することはないからです。必ず誰かのためになっているはずです。

「この仕事は誰のためになっていると思う？」

「今の仕事をやり遂げたら誰が喜んでくれるかな？」

「誰の喜ぶ顔が見たい？」

などと、誰のために、誰の笑顔のために取り組んでいるのかを引き出してあげましょう。

「役割意識」が原動力となる

「やれと言われたからやっています」

という人がいます。

これは、自分のことしか考えていない人の特徴でもあります。

このような人は視座が「自分」にあるんですね。

だから自分の問題にしか興味が無いわけです。

「今月の残業代はいくらだったのか」

「有給休暇日数はどれだけ残っているのか」

といったことばかり気にしています。

つまり自分からしか物事が見えていないということです。

実は大概は自分のことにしか興味が無いという人は多いものです。

ただ、チームで仕事をしている以上、このままにしておくと生産性が低下して成果を出せないチームになってしまう可能性があります。

では、どのようにしてやる気を引き出していくかというと、ポイントは視座にあります。

視座とは「どの高さから物事を見ているのか」ということです。

通常私たちは、「自分」の視座から物事を見ています。

それが結婚して家族ができたらどうでしょう。

「夫（妻）」「父親（母親）」といった視座から見るようになります。

会社でも新入社員から先輩になり、その後係長、課長、部長と昇進する度に視座が変わります。

そして視座が変わる度に見ている景色が変わるので、問題意識も変わってきます。

さらにその問題を解決するのが自分の役割だと認識するようになるでしょう。

実際に部長になったわけではないけれども、部長の視座で仕事のやり方を見てみる。すると、様々な問題点に気づくのではないでしょうか。

このように視座を変えることで「問題意識」が変わり、「役割意識」が変わることをご理解いただけたのではないかと思います。

つまり、どんな心の姿勢で仕事をしているのか？

これが問われているわけです。

ここで、有名なイソップ寓話の3人のレンガ職人のお話をご紹介させていただきます。

ある旅人が、旅の途中で3人のレンガ職人に出会います。

この旅人が「何をしているんですか？」と尋ねると、
1人目は「言われたとおりレンガを積んでいるんだよ」

2人目は「レンガを積んで壁をつくっているんだ。賃金がいいからね」

3人目は「教会の大聖堂をつくってるんだ。この仕事に就けて光栄だよ」

と答えました。

3人共同じことをやっているんです。

でも、仕事に対する心の姿勢が違うんですね。

1人目は言われたからやっているだけ。（視座は「レンガを積む作業員」）

2人目は食べるために仕方なしにやっている。（視座は「日銭を稼ぐ労働者」）

3人目は完成した教会に訪れる多くの人を喜ばせたいと思っている。（視座は「最高の建造物をつくる職人」）

どの視座で取り組んでいるのか。

役割意識の差です。


実はこの物語には続きがあるようで…

10年後、
1人目は相変わらず文句を言いながらレンガ積みを続けていました。

2人目は賃金は高いけど危険を伴う作業をしていました。

3人目は多くの職人を育てる現場監督になりできあがった教会には彼の名前がついたそうです。


会社の中での自分の役割を表現すると、どのようになるでしょうか。

「新商品のアイデアを生み出す」

「一番に売上目標（練習目標）を達成してチームの勢いをつける」

「元気な明るいあいさつで職場（チーム）の雰囲気を変える」

このように会社やチームの中で「～が私の役割です」などと宣言してもらうと良いですね。

skills to teach

「感情のレバレッジ」を働かせる

目標に向けて取り組むことが決まったら、あとは決めたとおりに行動していくだけです。

ただ、ここで問題になるのが「行動の壁」です。

やらなければならないことはわかっているのです。

でも行動できていないということもありますね。

成果をあげられる人なのか、そうでないのかは口癖でわかります。

成果をあげられない人の口癖の特徴は「それはわかっています」です。

では成果をあげられる人の口癖の特徴はというと**「それはもうやっています」**です。

何が違うのでしょうか。

そうです。行動しているかどうかです。

なぜかというと、成果は行動からしか生まれないからです。

「行動なくして成果なし」です。

成果をあげるための情報を得ることは大事です。

しかし、情報を得ただけでは何の変化も起こせません。

得た情報を行動に移して知識にしてこそ、成果につながります。

マネジメントの父と称されるピーター・ドラッカーも「知識は、本の中にはない。本の中にあるものは情報である。知識とはそれらの情報を仕事や成果に結びつける能力である」と言っています。

こういった話も多くの人は「知っている」はずです。

でも行動に移していない人は単なる情報レベルで、知識になっていませんね。

では行動を促したいときにはどのような関わり方をすれば良いのでしょうか。

行動を促す恐怖と願望の2つの問い

そんなときには「2つの問い」を使ってみます。

「やらなかったらどうなる?」という問いかけと「やることでどうなる?」という2つの問いかけです。

前者の問いかけは**「恐怖の問い」**です。これは、どんなデメリット（悪いこと）があるのかを気づかせるための問いかけになります。

この問いかけは、行動しないことを「不快」だと思わせ、行動しないことで起こるデメリット（悪いこと）を思い描かせます。

後者の問いかけは**「願望の問い」**です。これは、文字どおり願望を思い描かせる問いかけであり、どんなメリット（良いこと）があるのかに気づき、行動することで起こる良いことを思い描かせることができます。

なぜこの2種類の問いかけが大事なのかというと、上司がメリットやデメリットを言わなくても部下が自分の中で答えを見つけることができるからです。

さらに、「恐怖」と「願望」の両方を考え、そして感じることで、「こんな悲惨なのは嫌だ。絶対に行動しよう！」といったように感情のレバレッジを働かせることができます。

実は、この**感情のレバレッジが行動の大きな鍵になるのです。**

よく「やることのメリット」ばかりを考えさせるということはありますが、これでは「やればいいのはわかっているんだけど…」とできない理由を考え始めてしまうこともあります。

そこで「やらないことのデメリット」も一緒に考えることで、「やらない」ことの恐怖心をあおり、絶対に「やる」ほうが良いと思えるようにするのです。

期待した行動ができていないことを責めても何の解決にもなりません。

行動するしないがどのような影響を及ぼすか、部下が自分で答えを見つけられるようにサポートしていきましょう。

「切り替えスイッチ」をつくる

「気合を入れろ！」「死ぬ気でやれ！」

よくスポーツの試合で指導者が、このような言葉で一喝することがあります。

でも当の選手たちは、どんどん気持ちが萎えていく…

仕事でも上司が「目標は必達だ！」「なんとしても契約を取ってこい！」「絶対に納期に間に合わせるんだ！」と言って奮い立たせようとしている場面があります。

しかし部下は「やってられない」と意気消沈してしまう…

また、顧客からのクレームに追われて気分が滅入ってしまう…

大事なプレゼンでミスをして、受注につながらなかったことが頭から離れず自信を失ってしまう…

日常の仕事の中でこういったことはありますよね。

過去に深い悲しみや、恐怖などを体験すると、そのときの情景と感情が潜在意識に深く記憶され長期記憶になります。

すると、何かの出来事によってそのことを思い出してしまい、脳が不快になってしまいます。

同様に、過去に反省ばかりさせられてきた人は自信が失われてしまいます。

反省は常に自分の欠点ばかりに目が向けられるからです。

大事なことは、ミスや失敗しないことではなく、ミスや失敗を引きずらないということです。

ではどのようにすれば引きずらないで切り替えることができるのかというと、マイナスの状況を乗り越えるために必要なプラス感情と置き換えることです。

置き換える感情は「ワクワク」「強気」「冷静」「感謝」の4つです。

目の前に起きることは変えられませんが、そのときにどのように感じたかはコントロールすることができるのです。

なぜこのような感情をつくることが大切なのかというと、人間の脳には、矛盾する感情は両立しないという法則があるからです。

例えば、失敗したときの悔しさと成功したときの喜びを同時に思い浮かべてくださいと言われてもできないですよね。

つまり、マイナスの感情のときにプラスの感情をつくることがそのままマイナスの感情を打ち消し、気持ちを切り替えることになるのです。

言葉や動作で感情はコントロールできる

具体的にどうするのかというと、言葉・動作・イメージを利用して感情をコントロールします。

例えば、「ワクワク」の感情をつくるときには、笑顔で「楽しくなってきた」と口にし、望む結果が実現して喜んでいる自分をイメージしてみます。

「強気」の感情をつくるときには、ガッツポーズをしながら「まだまだ」と強気の言葉を口にし、ピンチを乗り越えた自分をイメージしてみます。

「冷静」の感情をつくるときには、深呼吸をしながら「落ち着いてきた」と口にし、落ち着いて対応している自分をイメージしてみます。

「感謝」の感情をつくるときには、胸に手を当てて「ありがたい」と口にし、幸福感に満たされている自分をイメージしてみます。

私たちは思考をコントロールしようとしてもできないのです。

なぜなら、そのときの感情に思考は大きく影響されるからです。

そして、感情に大きく影響を与えているのが動作や言葉、イメージなのです。

目標に向けて行動していると、必ずと言っていいほどピンチに遭遇したり、壁が立ちはだかったりします。

そのときに4つのプラス感情をつくるスイッチを使って、感情をコントロールして目標に向かっていけるようにサポートしていきましょう。

Part 2

「教える」
対象によって
教え方を変える

4つの脳思考タイプを理解した上で指導をする

教える対象は千差万別です。

指導する相手には、それぞれ異なる個性や考え方、行動パターンがあります。だからこそ、相手に合わせて指導方法をカスタマイズすることが求められるのです。

私がサポートしたアスリートで、2019年のジャパンオープンでシングルス・ダブルスで優勝を果たした（日本女子テニス界16年ぶりの快挙）女子プロテニスプレーヤーの日比野菜緒選手がいます。彼女には「乗っているときは良いのですが、一度調子を落とすとなかなか立ち直らない」という悩みがありました。自分はメンタルが弱いんだと思っていたようです。

実は、メンタルが弱いのではなく脳がそうさせているんですね。脳思考タイプの特徴が出ていることを伝え、脳思考タイプを踏まえた改善策を一緒に考えていきました。

その結果、その前の大会までは負けが続いていましたが、ジャパンオープンで見事に優勝を果たしました。普段のセッションから日比野選手の脳思考タイプを理解していたので、何がモチベーションになるのかもわかっていました。

実は、このように「相手に合わせた教え方」は、脳科学の研究からも裏付けられています。私たち人間の脳は、大きく分けて4つの思考タイプに分類されることがわかっています。それぞれのタイプは同じ言葉がけでも効果が異なってきます。

そのため、相手の脳のタイプに合わせた指導を行うことが、効果的な学びや成長を引き出す鍵となるのです。

第4章で脳思考タイプの概要について解説します。これにより、相手の特性を把握する基盤を築けます。

第5章では、各タイプに合わせたコミュニケーションの具体的な方法を示します。

第6章では、それぞれのタイプに応じたモチベーションの上げ方について深く掘り下げます。

相手が成果を生み出すには、指導する側が相手を理解し、その特性に寄り添う姿勢が欠かせません。脳科学に基づいたアプローチを活用すれば、どのような相手であれ、適切な方法で教え、最大限の成果を引き出すことが可能になるのです。

第4章 脳思考タイプを知る

skills to teach

脳思考タイプとは何か

「まえがき」の部分でもお伝えしたように、私はブレインアナリスト協会でコンテンツ室コンテンツディレクター、シニアブレインアナリストの肩書で活動しています。そしてここでの知見を生かした「科学的マネジメント」を提唱して企業などの組織で運用しています。

「科学的」というのは、「脳科学」に基づいた人材マネジメントのことで、俗に言う性格診断やスピリチュアル的なものとは一線を画しています。

最新の脳科学では「脳のネットワークのいくつかは性格特性と関連性が在る[※①]」という研究結果が報告されています。

脳のネットワークは**「報酬系ネットワーク」「感情系ネットワーク」「メンタライジング・ネットワーク」「セントラル・エグゼクティブネットワーク」**の4つに分かれます。性格特性については「5つの因子（ビッグファイブ）理論[※②]」があり、この理論によると、人の性格は**「外向性」「神経質的傾向」「調和性」「誠実性」「開放性」**の5つの因子から成り立つとされています。

性格特性の「5つの因子」

- **外向性：ポジティブな情動を積極的に求める。**
- **神経質的傾向：細部を気にする。ネガティブな情動に気づきやすい。**
- **調和性：協力的で信頼でき、共感性が高い。**
- **誠実性：真面目で自己をコントロールできる。**
- **開放性：芸術的感受性、柔軟な発想力が高い。**

※①参考論文：Nostro, A.D. et al.（2018）Predicting personality from network-based resting-state functional connectivity. Brain Structure and Function, 223, 2699-2719.
※② 1990年代にルイス・R・ゴールドバーグという心理学者が提唱したとされ、人間の性格を5つの基本的な因子で説明しようとする心理学の理論

この脳のネットワークと性格特性の関連性については以下のようになり、それぞれの脳の思考に基づいて「○○脳」という名称をつけました。

●報酬系ネットワーク：外向性＝**【拡大脳】**
●感情系ネットワーク：神経質的傾向＝**【協調脳】**
●メンタライジング・ネットワーク：調和性＝**【合理脳】**
●セントラル・エグゼクティブネットワーク：誠実性・開放性＝**【専門脳】**

この脳思考タイプに基づいた「科学的コミュニケーション」を行うことが、効果的な人材マネジメントになるということです。

簡単に傾向性を見る方法をお教えします。次のページの図をご覧ください。まず縦軸の「活動派」か「慎重派」か、横軸の「思考的」か「感覚的」かで判断します。

活動派で感覚的は「拡大脳」
慎重派で感覚的は「協調脳」
活動派で思考的は「合理脳」
慎重派で思考的は「専門脳」

縦軸と横軸のグラフ

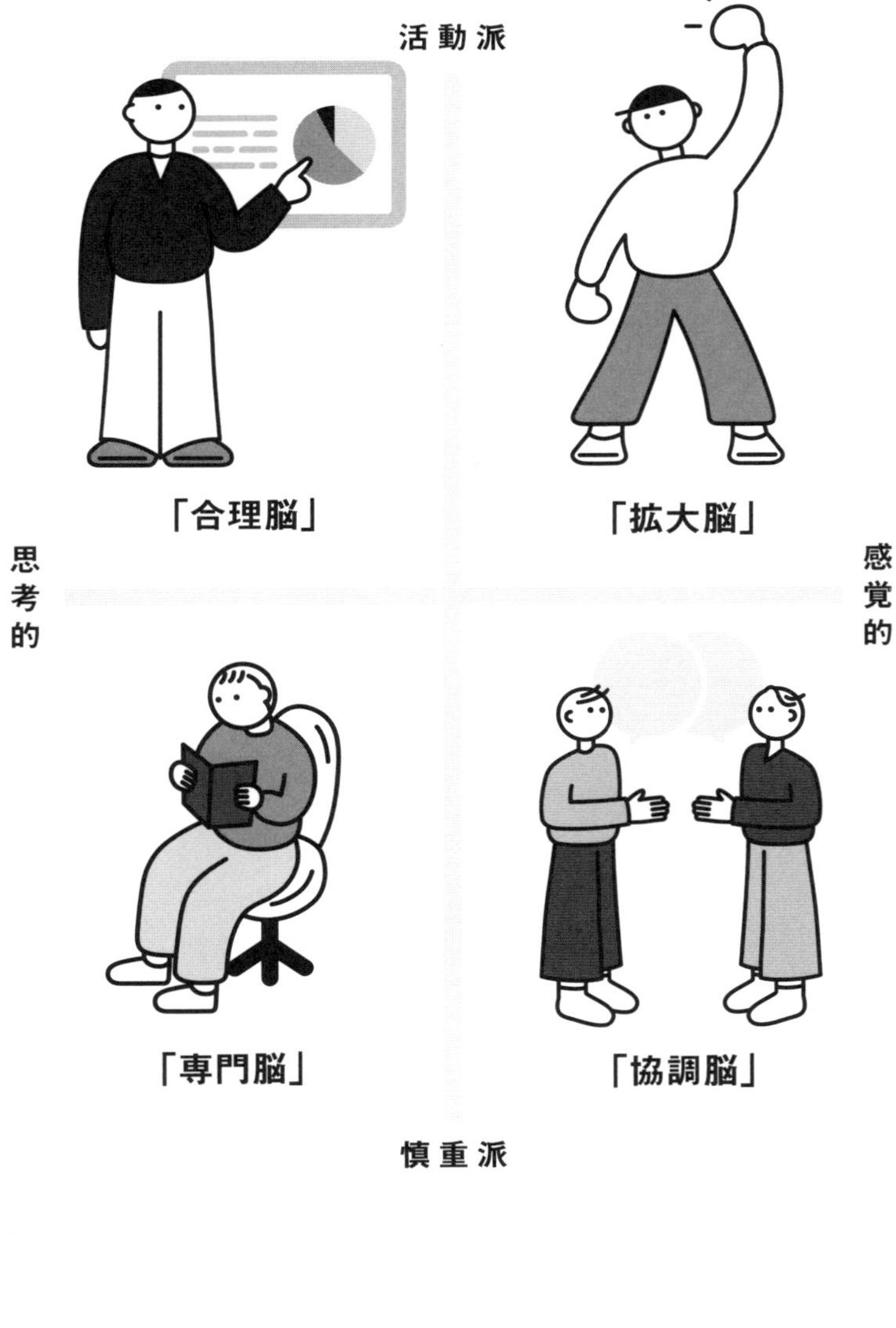

活動派
「合理脳」
「拡大脳」
思考的
感覚的
「専門脳」
「協調脳」
慎重派

また次のページの脳思考タイプ診断もあわせて行いましょう。

より詳しい自分の脳の傾向性を知るには「脳傾向性診断ツール」でチェックすることになりますが、詳しくは私までお問い合わせ下さい。ただここでは、ざっくりとでもタイプはどれに当たるかを考え、認識することが重要です。

これからそれぞれの脳思考タイプについて説明し、どのようなコミュニケーションを行えばいいのかについて解説していきます。

脳思考タイプ診断をしてみよう!

自分自身はもちろん、チェックしたい相手を想像しながら行いましょう。

A、Bいずれかにチェック

- □ **A**：多くの人と広く付き合いたい
- □ **B**：特定の人と深い関係性が良い

C、Dいずれかにチェック

- □ **C**：感覚で話すことが多い
- □ **D**：論理的に説明することが多い

アルファベットの組み合わせで右記のタイプに分かれます。▶

A＋C＝拡大脳

A＋D＝合理脳

B＋C＝協調脳

B＋D＝専門脳

「合理脳」は「きっちり」タイプ

合理脳は、フットワークが軽く行動が素早い。客観的で自由奔放、広く浅い交際を好む傾向があります。

物事や状況を外から眺め、感情を交えずに描写することができます。

性格的にはあっさりとしていて、クールな印象を持たれることが多いです。

一方で持久力に欠け、論理的な説得は苦手、束縛を嫌う傾向があります。

それ以外で特徴的な傾向性を挙げると以下のようになります。

■ **特徴的な傾向性**

・合理的に考える
・協調的で外向性がある
・目的や効率性を重視し、計画をしっかり立てる
・知的でユーモアに溢れ、論理的に考える
・全体をまとめあげることが得意
・物事の意義を曖昧にせず明確にする
・好奇心旺盛な行動派
・多くの情報を素早くキャッチする
・コミュニケーション力に長けている
・正義感が強く、妥協しない
・細かいことは気にしない
・持久力に欠け、移り気で飽き性なところも
・束縛を嫌い、押し付けられると反発する

ひと言で表現すると「物事をきっちり行うタイプ」となるでしょうか。
だから合理脳の人と関わる際には、目的を明確にして計画性を重視することが求められます。
合理脳の人が激情して自分の感情をコントロールできなくなったときには、その頭の良さを相手を打ち負かすために使います。理論的に、論理的に正論を言って周囲を批判するという言動に出ることがあります。
そして、合理脳の人は感情を表に出さない傾向がありますので、感情的になっているかどうかが、外から見て分かりにくい場合が多いのも特徴です。

「拡大脳」は「がっつり」タイプ

拡大脳は、高い理想や野心を持ち、勇気があり、何事にも先頭に立とうという傾向があります。

積極的で情熱的、明るく陽気な雰囲気ですが、時には攻撃的な言動になることもあります。直感的な発想で新しいものをつくりだしたり、停滞を打破していく力強さを持ち合わせています。

瞬間湯沸かし器のように、一気にやる気に燃えて、すぐ消える傾向もあります。

それ以外で特徴的な傾向性を挙げると以下のようになります。

■特徴的な傾向性

・拡大的発想が得意
・協調的で開放性がある
・前例のないことに挑んだり、誰よりも先に行こうとする
・議論や勝負を好み、明確な意見をストレートに打ち出す
・自己肯定感が高く、他人に依存しない
・未来志向で、新たな取り組みを好む
・常にナンバーワンになりたい
・自己中心的で自分の意見を曲げない
・きつい言い方をして相手を傷つけてしまう
・喧嘩っ早く、忍耐力に欠ける
・見栄っ張りでうぬぼれが強く、孤立してしまうことも
・自己を正当化して横柄な態度になってしまう

ひと言で表現すると「決めたらがっつりやるタイプ」となるでしょうか。だから拡大脳の人と関わる際には、新しいことや誰もやっていないことを重視することが求められます。
拡大脳の人が激情して自分の感情をコントロールできなくなったときには、周りの状況を見て、自分が得になりそうな方向に行動を取ることがあります。
また、力のある人にすり寄って近づき、踏み台にして成功を企むなどの傾向があります。
そして、拡大脳の人は外に感情を出しますので、感情的になっているのが割と分かりやすく、かつ感情のアップダウンが激しい一面があります。

「専門脳」は「じっくり」タイプ

専門脳は、現実的な思考を持ち、経験と実感を大切にし、用心深い傾向があります。

実際に自分の身体で経験し、実感して納得したことをベースに物事を運んでいきます。

我慢強く努力家で持久力もあり、堅実で真面目な印象ですが、一方で頑固になりやすい傾向もあります。

それ以外で特徴的な傾向性を挙げると以下のようになります。

■特徴的な傾向性

・原理的で現実的に考える
・発想が豊かでセンスがいい
・粘り強く意志が強い
・しっかりとした価値観を持つ
・忍耐力がある
・勤勉で能率が良い
・優れた整理能力と分析力を持つ
・沈着冷静で落ち着きがある
・義務に忠実で規律正しい
・頑固で想像力に欠ける
・所有欲が強い
・型にはまりやすい
・融通がきかない
・完璧を求めすぎる
・口うるさく気難しい
・視野が狭く疑り深い

ひと言で表現すると「考えてじっくり進めるタイプ」となるでしょうか。
専門脳の人が激情して自分の感情をコントロールできなくなったときには、専門性や突き詰めていくという性質から、相手をとことんまで追い詰めるまで自分の言動や行動をやめないという傾向にあります。
専門脳は、感情が表に出ない傾向がありますので、感情的になっているかどうかが、外から見て分かりにくい場合が多く、どちらかと言うとネガティブに反応しやすいのが特徴です。

「協調脳」は「のんびり」タイプ

協調脳は、感受性豊かで人の気持ちに感応しやすく、その場のムードや雰囲気を感じ取る傾向があります。

感情を優先して、狭くても深い関係を求めます。穏やかで優しく、豊かな反応力や感応力を持っていますが、他人からの言葉に影響を受けやすく、悩みやすい傾向があります。

それ以外で特徴的な傾向性を挙げると以下のようになります。

■ 特徴的な傾向性

・温情的で調和性がある
・共感能力に優れている
・忠誠心がある
・集中力があり記憶力がいい
・人情味に溢れている
・他の人を思いやる心を持つ
・意思が強く不屈の精神を持つ
・粘り強く洞察力がある
・想像力が豊か
・心配性で傷つきやすい
・頑固で執念深く恨みやすい
・取り越し苦労が多い
・独占欲が強い
・人の好き嫌いが激しい
・感情の起伏が激しい

ひと言で表現すると「何事ものんびり構えるタイプ」となるでしょうか。
協調脳の人が激情して自分の感情をコントロールできなくなったときには、一見良い人のように見えますが、実は、自分を守るためだけの優しさになってしまい、まさに八方美人で周りに良い顔をするという傾向があります。
また、内側にストレスを向けてしまうのも特徴で、ひどく落ち込み、ひいては鬱状態になる場合もあります。

skills to teach

4つの脳思考タイプの反応まとめ

ここでは、脳思考タイプの反応や特徴をもう少しみていきます。
また、相手の思考タイプを知るコツもお伝えしていきます。

テーマパークで新アトラクションを体験したときの反応

合理脳：面白い。これは流行るね。スタイリッシュな乗り物だね。
拡大脳：めちゃくちゃ楽しい。これ楽しいから皆も乗ってみない⁉　ぜひ体験してみて！
専門脳：面白いけど、ちょっと恐いかも。あのカーブが…、あそこのアップダウンが…。どんな仕掛けになっているんだろう？
協調脳：すごく楽しい。親にも体験してほしい。あの人にも教えてあげよう。

飲み物が入ったグラスを倒してしまったときの反応

合理脳と専門脳は「あっ、自分にかかってないかな!?」と内向きの反応を示す。拡大脳と協調脳は「あっ、相手にかかってないかな!?」と外向きの反応を示す。

意識の向け方の特徴

1．意識する対象が自分の「内側」なのか「外側」なのか

内側とは、自分の内側に意識が向く傾向があるということです。具体的には「考え込むタイプ」「感情をあまり出さないタイプ」になります。

外側とは、自分の外側に意識が向く傾向があるということです。具体的には「アピールしていくタイプ」「感情を表に出していくタイプ」になります。

2．意識する対象が「広い範囲」なのか「狭い範囲」なのか

広い範囲とは、例えばスポーツで言うと、会場全体の状態や、複数の味方や敵を捉えること。戦略の全体や、試合の流れやチーム全体を捉えて考えるということになります。狭い範囲とは、例えば道具そのものや自分のポジションだけを捉えること。自分のタスクや自分に関係する人だけを捉えて考えるということになります。

合理脳＝内側で広い範囲に意識する
拡大脳＝外側で広い範囲に意識する
専門脳＝内側で狭い範囲に意識する
協調脳＝外側で狭い範囲に意識する

意識の向け方の違いは、こうすると集中しやすくなるということでもあります。

例えば、

合理脳は、戦略の全体像を考察する
拡大脳は、戦略の全体像をどのように伝えるかを思い描く
専門脳は、目の前のタスクを自分でこなすことを考える
協調脳は、目の前のタスクを誰に頼むか（伝えるか）を思い描く

このように、脳のネットワークと性格特性の関連性から4つの脳の傾向性が導き出され、それぞれ4つの脳タイプについて解説してきました。

自分の脳思考タイプがどれなのか、相手の脳思考タイプはどれなのか大まかに分類し、そして解説を読むことで、知ることができると思います。

相手のタイプを知るコツ

相手の脳思考タイプを知るコツは？　というと、「想像する」ことです。
想像するということは、その人を思いやる、ということでもあります。
対象とする人に思いを寄せて、縦軸と横軸、脳思考タイプ診断を利用しながら、想像してみて下さい。

そして「あの人はこの脳タイプに近いな」と思ったら、実際のコミュニケーションの中で確認してみて下さい。

所属しているチームや社内の全員に「脳傾向性診断ツール」を実施してもらうと詳しい情報がわかりますので、その際は私までお問い合わせ下さい。

第5章 脳思考タイプに合わせたコミュニケーションとは

skills to teach

相手に合った科学的コミュニケーションで指導効果が上がる

先の章で、脳のネットワークと性格特性の関連性から、私たち人間の脳の思考タイプは4つに分類できることがわかり、そしてそれぞれの特徴について見てきました。

よく性格診断などで人は9通りとか12通りに分類されるということを説いている書

籍等を見かけますが、12通りと言われてもなかなか覚えられないので対応が困難です。

さらに、個々に違うと言ってしまえばそれまでです。個々に違うから、個々に合わせたコミュニケーションをしていこうといっても、ほぼ不可能ですね。

ですから、大きく4通りにしているのです。

しかも特徴的なところをクローズアップしています。

まずは、この4通りの脳思考タイプを理解した上でコミュニケーションを取っていくことをお勧めします。

そうすると、相手の発する言葉や態度、行動からタイプを想像することができるようになっていきます。

大谷翔平選手は協調脳

例えば有名人で言うと、ロサンゼルス・ドジャースの大谷翔平選手は、私の見立てでは「協調脳」だと推察します。

まず大谷選手を語るときによく使われる言葉が「謙虚さ」そして「控えめ」です。「俺が俺が」というガツガツさは感じられません。

ドジャースに入団した際のインタビューでは、「優勝を目指して、それに欠かせなかったと言われる選手になりたい」と語っているところからも、チームの中での立ち位置や置かれた状況の中で、どのように立ち振る舞うかを考えて発言していることがわかります。

また、日本国内の全小学校約2万校に3個ずつ、約6万個の子ども用のグラブを寄贈したことも大きな話題になりました。

このとき「子どもたちが楽しくキャッチボールをする場面を想像しています」とコメントしています。

子どもたちが楽しそうにキャッチボールしているイメージをしたときに「左利きの子も」と思ったのでしょう。だから右利きのグラブを2個と左利きのグラブ1個の計3個配布したのです。

そして大谷選手を語るときに一番に思い浮かぶことが「楽しんでいる」ことです。

それは、かつて所属したエンゼルスの当時の監督やチームメイトのこの言葉でもわかります。

「彼はいつも笑顔で楽しんでいる。それこそが素晴らしいことなんだ」と。

まさに協調脳の特徴を表しています。

新天地ドジャースで迎えた2024年は打者に専念することから、走塁にも力点を置いた練習を繰り返している姿が報道されていました。

また、ホームランを打つことに対するこだわりについて語った際に、「ホームランを狙おうというのはほとんどないですね。（中略）特に狙うということはなく、いい角度でボールに当てるというのが一番かなと思います」と話しています。

このように、やることを特定して捉えるのが協調脳の特徴でもあります。

最後に語りたいのは、やはり2023年WBCでの決勝戦です。

最終回のマウンドに上った大谷選手は2アウトを取り、最後の打者トラウト選手と対峙することになります。

2ストライクまで追い込み、最後の一球を投げる前に日本ベンチをじっと見つめるような仕草をしていました。

「ベンチを見たらみんな行けるぞという表情をしていたので勇気づけられた」と語っています。

そしてトラウト選手を三振に仕留めて胴上げ投手になりました。

ここでも対象を特定することで集中できる「協調脳」の特徴が発揮されています。

科学的コミュニケーションを身につける

ここではわかりやすいように大谷選手を例に挙げました。

このように、**脳思考タイプを推察しつつコミュニケーションの仕方を見ていくことで、相手の言動からどのタイプが強いかをより詳しく判断できるようになります。**

この傾向性に合わせたコミュニケーションを行うことを、**「科学的コミュニケーション」**と呼んでいます。

「科学的コミュニケーション」を実践することで、教育指導の効果を上げることができるのです。

では、具体的にどの脳思考タイプに対して、どのようなコミュニケーションを行っていけば良いかを見ていきましょう。

skills to teach

「合理脳」には、目的志向や全体的視点で

合理脳の特徴を表すキーワードは下記のとおりです。

「合理性、効率性、効果性、論理的且つ理論的、目的意識、全体性」

このキーワードを意識した言葉がけが効果的です。

目標を明確にすることももちろんですが、合理脳がこだわるのは「何のために」という目的です。

目的を明確にせずに目標に向かうことができないタイプなので、

「なぜこの目標なのか」

「何のためにこの目標を達成する必要があるのか」

を言語化することが必要です。

指導する際に大事なこととしては、目標達成に向けた計画を練ることが得意なの

で、多くの情報やデータなどの裏付けをもとに、根拠を持った計画を作成することをサポートしていきましょう。

「どんな情報やデータがあったらい良いか」
「なぜその取り組みが必要なのか」
「取り組みにおけるメリットとデメリットは何か」
「どんな順序で進めれば良いか」

といった問いを使ってサポートしてみると良いでしょう。

細かいことを指摘しても面倒だと感じてやる気が起きなくなります。広く全体的な視点で捉えるようサポートしてあげましょう。

「いまチームの状態はどうなっているか」
「全体の流れの中でどこが問題なのか」
「戦略の効果性はどんなところにあるか」
「今回の問題を整理するとどうなるか」

といった問いを使ってサポートしてみると良いでしょう。

失敗したとき、感情的に叱ることは避けましょう。

失敗の原因を客観的に考えられるようにサポートしてあげましょう。

「何が原因になったのか」

「失敗につながる行動は何だったのか」

「どの手順でつまずいたのか」

「この失敗から生かせることは何か」

といった問いを使ってサポートしてみると良いでしょう。


周りを気にしすぎるところがありますので、プレシャーをかけるような言葉は気負ってしまうことがあります。

一生懸命やっていることを認めるような言葉をかけてあげましょう。

「一生懸命やっていることは皆知っているよ」

「その明るさでチームを盛り上げてほしい」

「あのアイデアはきっと生かせるよ」

「君の言っていることは納得性があるね」

といった言葉がけを意識してみると良いでしょう。

最後にまとめますと、合理脳の人は「何のために」を重視します。

そのため、会話や提案の中で目的や意図を明確に伝えることが重要になります。

そして、感覚的な表現や曖昧な説明ではなく、データや具体例を用いて、論理的に話をすることを心がけましょう。

また、細かい指摘よりも、全体の流れや戦略の中での役割を共有すると納得感が高まります。

不合理や矛盾にも敏感です。

一貫した態度や透明性のある行動が信頼を築く鍵になります。

skills to teach

「拡大脳」には、新しいことや変化への挑戦を

拡大脳の特徴を表すキーワードは下記のとおりです。

「拡大的、感覚的、イメージ優先、外部への自己表現に長ける、感覚的・感情的表現」

このキーワードを意識した言葉がけが効果的です。

目標が決まれば、誰よりも先に行動し、一番を目指してがんばるタイプです。

拡大脳がこだわるのは、新しいことや変化への挑戦です。

前例主義や固定観念にとらわれた取り組みには興味がありません。

常に新たな取り組みや変化をもたせるようにすることが必要です。

拡大脳への指導の際に大事なこととしては、目標達成に向けて行動することが得意ですので、行動を後押しするようにサポートしてあげましょう。

「目標達成に向けてどんな行動をするか」

「これまでと違う方法で取り組むとしたら何があるか」

「もっと面白い取り組みがあるとすると何があるか」

「より多くの人に伝えるためにはどうしたら良いか」

といった問いを使ってサポートしてみると良いでしょう。


視野を狭くしてしまうことが嫌いなので、できるだけ広い視野をもたせるようにサポートしてあげましょう。


「制約が一切なかったとしたらどんな対策が考えられるか」

「理想的な未来はどんな感じか」

「この成功体験をどのように伝えるか」

「今までにない新しい取り組みを行うとしたら何が良いか」


失敗したとき、その原因を根掘り葉掘り追求することは避けましょう。

基本的には落ち込まないタイプなので、前向きなサポートをしてあげましょう。

「まだまだできるはず。さぁ何から始めるか」

「さぁここからだね。次の一手はどうするか」

「この経験から何を学んだか」

「どうやって形勢を逆転させるか」

といった問いを使ってサポートしてみると良いでしょう。


一人で突っ走る反面、他人からの評価を気にするところがあるので、優れた存在であることを認めるような言葉をかけてあげましょう。


「誰もが認める優秀な人材だ」

「皆の見本になるよ」

「元気の良さは一番だ」

「君の力がチームには必要なんだ」

といった言葉がけを意識してみると良いでしょう。


最後にまとめますと、拡大脳の人は自由な発想を好み、制限や固定観念を嫌います。問いかけを通じて視野を広げるサポートをしましょう。

そして、目標が明確であれば行動に移しやすいので、目標やビジョンを示したうえで、自由に動ける環境を提供しましょう。

特徴的なのは、自分が特別だと感じることでモチベーションが高まることです。

エネルギッシュなタイプなので、そのエネルギーを尊重し、共にポジティブな雰囲気をつくることが重要です。

失敗を恐れず挑戦し続けられるように支えていきましょう。

これらのポイントを押さえることで、拡大脳の人との信頼関係を強化できるでしょう。

skills to teach

「専門脳」には、確実性と正確性を

専門脳の特徴を表すキーワードは下記のとおりです。

「職人的、専門的、理論的且つ論理的、詳細な情報、部分的で深い探究」

このキーワードを意識した言葉がけが効果的です。

目標に向けて、まず何をすれば良いかを探求し、確実にこなしていくタイプです。

専門脳がこだわるのは、確実性、正確性です。

曖昧なことや不確実性の高いことへの取り組みは苦手です。

前例のないことや根拠のないこと、または大きな目標を前にすると、何をして良いのかわからなくなります。

小さなステップをつくり、確実に取り組めるようにすることが必要です。

専門脳への指導の際に大事なこととしては、目標に向けて、一つひとつ確実に取り組むことが得意ですので、物事を具体的に考えさせるようにサポートしてあげましょう。

「目標達成のためにまず何から取り組めば良いか」
「最初の一歩として具体的に何をするか」
「その成功の定義を数値化するとどうなるか」
「今日、何をするか」

といった問いを使ってサポートしてみると良いでしょう。

やる理由がないと行動しないので、一つひとつ目的を明確にしていくようにサポートしてあげましょう。

「この取り組みをするメリットは何か」
「どんなデータの裏付けがあるか」
「どんな手順で行うのが効果的か」
「この取り組みはルールに則しているか」

といった問いを使ってサポートしてみると良いでしょう。

失敗したとき、ポジティブな思考に転換させようとすることは避けましょう。

基本、悲観的なので、共感し寄り添っていくようにサポートしてあげましょう。


「つらいよね。少しでも前に進めるには何から始めようか」

「大変だったね。この経験をどう生かしていこうか」

「〇〇さん（尊敬する人）はどのように乗り越えたと思うか」

「一人じゃないから。誰のサポートがあれば良いか」

といった問いを使ってサポートしてみると良いでしょう。


ルールを遵守し、着実に実行する反面、完璧主義になって周りに批判の目を向けることがあります。

細部まで目を配り、やるべきことをやっている事実を認めるような言葉をかけてあげましょう。


「細かいところまでよく目が届いているね」

「ちゃんと行動できているね」

「あのデータは役に立ったよ」

「約束を守っているのは素晴らしい」

といった言葉がけを意識してみると良いでしょう。

最後にまとめますと、専門脳の人は理由や根拠がはっきりしていることを重視します。

提案や指示を行う際には、その理由や背景を丁寧に説明しましょう。

またルールを守り、一貫した行動を心がけることも大事です。

そして努力や正確さを認めることで安心感を持たせ、信頼関係を築きやすくなります。

相手に寄り添ったコミュニケーションを取るようにしましょう。

「協調脳」には、感情を動かすように

協調脳の特徴を表すキーワードは下記のとおりです。

「親和的、貢献的、利他的、内的感情性を優先」

このキーワードを意識した言葉がけが効果的です。

目標に向けて、チームメンバーと連携、調整しながら皆で一緒に取り組もうとしていくタイプです。

協調脳がこだわるのは、チームメンバーと友好的な関係性が築けているかどうかです。

チーム内の雰囲気に敏感で、チームの和を乱すような行為をする人には厳しい目を向けます。

チームの中でメンバーとどのように関わっていくのが良いのかについて一緒に考え

ることが必要です。

協調脳への指導の際に大事なこととしては、目標に向けて、やると決めたことは強い意志を持ち、粘り強く取り組むことが得意ですので、やる意味を見いだせるようにサポートしてあげましょう。

「この目標があなたにとって重要な理由は何か」
「この取り組みが、あなた自身のどんな価値観や目標に合っているか」
「あなたの取り組みが周りの人やチームにどんな影響を与えると思うか」
「今回の取り組みで得られる成果は、あなたにとってどんな意味を持つか」

といった問いを使ってサポートしてみると良いでしょう。

自分の言動が他のメンバーにどのように映っているかを常に気にしているので、自分の役割やチームへの貢献度について考えさせるようにサポートしてあげましょう。

「このチームであなたが果たすべき役割は何か」
「チームの目標に向けてあなたが得意とすることで貢献できることは何か」
「チームの中でどのように立ち振る舞えば良いか」
「他のメンバーとどのように連携すれば、もっとスムーズに進められるか」

といった問いを使ってサポートしてみると良いでしょう。

失敗したとき、落ち込んだ態度を見て慰めるように接することは控えたほうが良いでしょう。人から心配されることが苦手なので、基本的にはそっと見守る姿勢が必要です。

また原因を追求するとさらにネガティブになってしまう可能性があるので避けます。

気持ちを切り替えて、次のアクションに目を移せるようにサポートしてあげましょう。

「いま感じていることを言葉にすると、どんな表現になるか」
「誰かの役に立ったと思えることは何か」
「この経験を次に生かすとしたら、具体的にどうするか」
「これを乗り越えた後、どんな良い未来が待っていると思うか」

といった問いを使ってサポートしてみると良いでしょう。

頑固で人の好き嫌いも激しく、一度嫌いだと思うとなかなか修復が難しくなる傾向があるので、人の気持ちを察することができ、思いやることができることを認めるような言葉をかけてあげましょう。

「あなたが気づいてくれたおかげで、本当に助かりました」

「皆の気持ちを理解してくれているのがとても嬉しい」

「細やかな配慮ができるのは、あなたの優しさの表れですね」

「人のことをよく見ているところが素晴らしい」

といった言葉がけを意識してみると良いでしょう。

最後にまとめますと、協調脳の人には相手の感情や価値観を尊重し、チームや他者にどのように貢献できているかを気にします。

ですから、チーム内での貢献を具体的に認めることでより深い信頼関係を築けるでしょう。

第6章

脳思考タイプに応じたモチベーションの上げ方

skills to teach

「合理脳」のモチベーションは「チームのため」

合理脳について、解説してきたことを簡潔にまとめると次のようになります。

- **論理的かつ全体的に考える**
- **言語による説明が得意**
- **目的意識が強い**

・チーム全体に意識が向いている

これらの特徴を持つ合理脳のモチベーションの上げ方について見ていきます。

組織やチームの中においては、明確なリーダーシップの下で、責任が明確であり、全体で高い目標や困難な課題にも取り組む組織風土を好みます。

モチベーションを上げる言葉としては「会社のために」「チームのために」といったイメージを持たせると良いでしょう。

チームの目的、相互のつながりを強調し、個々の努力がチーム全体にどのように貢献するのかを伝えることが大事です。

チーム全体の目標を共有する言葉

「私たちのチームがこの目標を達成することで、どんな素晴らしい結果が得られるか、一緒に想像してみて下さい」

「チーム全員で力を合わせれば、きっとこの課題を乗り越えられると思います！」

チームに必要な存在だと認める言葉

「あなたのスキルやアイデアは、チームにとって欠かせないものです。だからこそ、一緒にがんばりたいです」

「チームの成功は、あなたの努力があるからこそ可能だと思っています」

チームの成果を強調する言葉

「私たちのチームでこれをやり遂げたら、きっと全員が誇りに思える成果になるでしょう」

「これが成功すれば、チームとしての絆がさらに深まると感じます」

といった言葉が効果的です。

全体的な計画性や協調性が強い傾向があるので、行き当たりばったりの仕事や行動は集中できない傾向があります。事業計画をしっかりと伝えることが大切になります。

仕事や行動をシステム化して、段階的に達成させていくとモチベーションが持続する傾向があります。

合理脳のM選手の例

私がサポートしている高校が、全日本バレーボール高等学校選手権大会（春高バレー）出場をかけた地方大会に向けた練習をしているとき、見ていた私のところにキャプテンのMさんがやってきました。

「チームの状態があまり良くない」というのです。

Mさんに理由を聞いてみると、「春高に出て優勝したいという気持ちはあるんですが、何のためにやっているのか…というか、練習に身が入らない」という話でした。

Mさんは合理脳タイプなので、やはり目的を理解しないとモチベーションが上がらないということがわかります。

そこでこのようなアドバイスをしました。

「春高に連続出場できることは、君たちだけでなく、学校全体の誇りになるよね。そして後輩たちにもバトンを渡すことができる。これは君たちの代にしかできないことなんだよ」

と何のために春高を目指すのかを明確にした上で、「Mさんの冷静な判断力と客観的に状況を見ることができる能力はチームにとって欠かせない」とキャプテンとして重要な役割があることを伝えました。

結果、チームをまとめ見事に春高連続出場を決めてくれました。

「拡大脳」のモチベーションは「自分が一番」

拡大脳について、これまで解説してきたことを簡潔にまとめると以下のようになります。

- **感覚的かつ全体的視点**
- **拡げることが得意**
- **注目されるのが好き**
- **考えるよりも行動を重視**

これらの特徴を持つ拡大脳のモチベーションの上げ方について見ていきます。

組織やチームの中においては、自由で奇抜な議論が受け入れられ、誰もがアイデアを出し合い、必要に応じて協力する。高揚感を持って新しい事柄に挑戦する組織風土を好みます。

モチベーションを上げる言葉としては「多くの人に見せてやろう」「注目させてやろう」「一番になる」といったイメージを持たせると良いでしょう。

競争心や達成感、周囲からの評価を刺激するような言葉をかけることが大事です。

成功イメージを描かせる言葉

「これを成功させて、多くの人に力を見せつけよう！」

「誰もが注目する瞬間をつくり出そう。あなたなら絶対にできる！」

チャレンジ精神を刺激する言葉

「ここで一番になることで、みんなを驚かせよう！」

「誰もやったことがないことを成し遂げて、最高の結果を出そう！」

自分の価値を高める言葉

「あなたがやれば、一番になれる。そんな力を持っていることを証明しよう！」

「この挑戦を成功させて、あなたの価値をみんなに知らしめよう！」

といった言葉が効果的です。

拡大脳の場合は、上記の言葉にプラスして擬音を使うと気持ちが入りやすいです。「ワァーっとやろう！」「グッといこう！」「パパっとやっちゃおう！」など。力を込めたアクションや強めのボディタッチを入れるとさらに効果的です。

大勢の中で注目されることに喜びを感じるので、単独より複数やグループでの仕事やプロジェクトの中で「褒める」ことでモチベーションが持続する傾向があります。

拡大脳のY選手の例

私がサポートしているJリーガーのY君はフォワードで拡大脳タイプです。

目立つ場面で輝くことに喜びを感じるので華のあるフォワードにもってこいです。

そんなY君とのセッションで、チームのコーチ陣に不満があるという話が出ました。

具体的に言うとチームプレーを優先され、試合でも連携ミスが出ると代えられてしまうというのです。

自分でも連携プレーは大事だとはわかってはいるのですが…モヤモヤしている自分がいると。

なるほど、と思いながら「連携プレーが大事なことは理解しているんだよね。では連携プレーの中で自分君の良さを出す方法はないかな」と問うと、「ダイナミックな連携プレーでゴールを決めるとか」という言葉が返ってきました。

「いいねぇ、めちゃくちゃかっこいいよ！」と言うと照れくさそうな笑顔を見せながら「試したいこともあるので、練習やってみます！」と。

「皆があっと驚くようなゴールを決めてやれ！　Y君なら必ずできるよ！」と伝え、肩をパンと叩きました。

「はい、やってやります！」とY君は元気に返事をして走っていきました。

skills to teach

「専門脳」のモチベーションは「目の前のこと」

専門脳について、これまで解説してきたことを簡潔にまとめると以下のようになります。

・**原理的で発想性がある**
・**詳細な部分を探究する**
・**自分の考えが大事**
・**とにかく細かい部分に強い**

これらの特徴を持つ専門脳のモチベーションの上げ方について見ていきます。

組織やチームの中においては、明確なリーダーシップの下、ルーティン化された目標を粛々と行う。手続きやルールを重視し確実に物事を進める組織風土を好みます。

モチベーションを上げる言葉としては「この○○（技術やノウハウ的なこと）を身に

つけるぞ」「〇〇（目の前の課題や目標）をクリアするぞ」といったイメージを持たせると良いでしょう。

目標に対する具体性や達成感、そしてそれがもたらす成果や成長をイメージさせる言葉をかけることが大事です。

技術習得や課題克服の意義を伝える言葉

「この〇〇を身につければ、もっと仕事の幅が広がるね。今がそのチャンスだよ」

「〇〇をクリアすることで、次のステップに進む準備が整うよ。一緒にやり遂げよう」

具体的な成果や成長を描かせる言葉

「この〇〇ができるようになったら、また一つ成長することができますね」

「この難局をクリアしたら、あなたのやり方が正しいということを証明できますね」

小さなステップを強調する言葉

「まずはここから一歩ずつ。この〇〇を積み重ねれば、大きな成果に繋がりますね」

「最初の小さな一歩が、大きな変化を生んでいきます。この〇〇を身に付けることがその始まりですね」

といった言葉が効果的です。

細部に対する意識やこだわりが強い傾向があるので、大雑把なことや曖昧なことには反応しません。

複数での取り組みよりも単独でこなせる仕事やプロジェクトで、その中で具体的な達成目標を設定するとモチベーションが持続する傾向があります。

また、あまり気にかけたり、面倒を見ると嫌気を持つ傾向があります。

一人でもある程度の成果をあげるタイプですので、適度に声をかけてあげましょう。

専門脳のD選手の例

高校の陸上部で長距離ランナーのD君は、専門脳タイプの選手。

走りのフォームやタイムの細部にこだわるところがあります。

そんなD君とのオンラインセッションの際、最近は練習の内容が漠然としていることが多く、集中力を欠いているという話がありました。記録会で良いタイムを出したいという気持ちはあるものの、気持ちが乗らないというのです。

もう原因は明らかですよね。

そこでD君に「今の課題は何？」と質問してみました。

「記録会があるのはわかっているのですが、遠いというか…まだ実感が湧かない感じで、何をやればいいのか迷っているという感じです」

真面目なD君らしい返答です。

「そうか。じゃあ、まずこれをしておきたいということは何かある？」と聞くと、「まずはフォームの改善ですね。腕の振りをこんなふうにできたらいいなと思っています」と実際にモニターの前でやって見せてくれました。

「なるほどね。ではその腕の振りを改善する具体的な取り組みは？」と聞くと、いくつか答えが返ってきました。

「ではその中で最初にやることは？」という質問でファーストステップを明確にして、「具体的にどうなったら次のステップに行く？」という質問でさらに目の前の目標を具体化していきました。

D君の目が段々と輝いてきているのがわかりました。

「早速やってみます！」と元気よく答えてくれたのが印象的でした。

記録会で好成績を残し、D君は箱根駅伝の強豪大学への内定をもらいました。

「協調脳」のモチベーションは「誰かのため」

協調脳について、これまで解説してきたことを簡潔にまとめると以下のようになります。

- **温情的かつ協調性がある**
- **粘り強く洞察力がある**
- **感受性、想像力が豊か**
- **特定の人のことを考える**

これらの特徴を持つ協調脳のモチベーションの上げ方について見ていきます。

組織やチームの中においては、人の調和を大切にし、お互いの主体性を重んじる。個が尊重され、かつ干渉し合うことなく、確実に物事を進める組織風土を好みます。

モチベーションを上げる言葉としては「誰かのために」という言葉を入れると効果

的です。

「母（父）のためにがんばるぞ」「友のために」「先生のために」など特定の人をイメージさせると良いでしょう。

自分の行動や努力が、特定の誰かに与える影響をポジティブに感じられるようにすることが大事です。

貢献の影響を伝える言葉

「あなたがこれをやることで、○○さんがすごく助かると思いますよ」
「これを成し遂げることで、○○さんが喜んでくれる姿が目に浮かびますね」

未来への影響を想像させる言葉

「この行動が、誰かの未来を変えるきっかけになるかもしれないね」
「あなたが今努力することで、後に続く人たちにも道が拓けると思うよ」

喜びや感謝を想像させる言葉

「あなたの行動で、○○さんがどんなふうに喜ぶか想像してみましょう」

「○○さんから『ありがとう』って言われる姿を想像すると、ちょっとワクワクしてきますね」

といった言葉が効果的です。

特定の対象に対して意識が向く傾向があるので、仕事では上司が、学校では先生が、家庭では両親などがその特定の対象となります。

従って上司や先生は「いつも見ている」「気にかけている」という意識を部下や生徒に持たせるとモチベーションが持続する傾向があります。

協調脳のS選手の例

私がサポートしていた高校野球部のキャプテンS君は、地道な練習を黙々とこなし、手を抜かない姿勢は誰もが認めるところです。

ただ、実力はあるもののなかなか試合で結果が出ない状況が続いていました。

「自分ではやっているつもりですし、手応えもあるんですが…なんか試合で結果が出ないというか…よくわからないです」というS君。協調脳っぽさが出てますね（笑）。

「そっかぁ。S君は何のために甲子園を目指しているの?」と聞くと、「何のため…う～ん…自分が行きたいから。えっ？　ちょっと違うな。甲子園がそこにあるから」

なんじゃそりゃって感じですね。

「では、甲子園に行ったら喜んでくれる人はだれ？」と聞くと、「お母さん、ですね」と即答。

「なんで？」と聞くと、「いつも応援してくれている」と。

「じゃあ、甲子園に行く目的は決まっているね」と言うと、「お母さんを喜ばせるため」とはにかんだ笑顔で答えてくれました。

「どう？　今の気持ちは？」と聞くと、「なんかがんばれそうな気がします」と。

協調脳タイプは表面上ではモチベーションが上がったかどうかは判断が難しいかもしれません。

しかし、練習態度や物事に対する姿勢を見るとわかることがあります。

S君はしっかりチームをまとめキャプテンシーを発揮しましたが、甲子園には届きませんでした。

ただ、その年のプロ野球ドラフト会議で指名を受けプロ野球選手の夢は叶えました。

脳思考タイプに応じたリーダーシップ

合理脳がリーダーだったら

リーダーが合理脳の場合は、極めて組織編成をしやすいと言えます。

理由としては、組織は目標達成が命題になりますので、その目標達成のために求められる要素として、とても大事なことが合理脳には備わっているからです。

それが「目標達成まで導く行程管理や計画性」です。

チームメンバーにそれぞれの優位脳をバランスよく配置し、それぞれの能力を思う存分に発揮させることができれば、目標に向けて計画的に効率よく推進していくことができます。

最も安心して任せられる編成と言えると思います。

拡大脳がリーダーだったら

リーダーが拡大脳の場合も、組織編成をしやすいと言えます。

目標達成に向けたモチベーションの維持が重要課題になりますが、拡大脳にはもってこいの資質だからです。

ただ、注意点としては拡大脳は時としてイメージだけで物事を先行させようとするところがあります。

つまり計画性だとか技術的な詳細な確認などをとりあえず置いておいて、プロジェクトをドンドン前に推し進めていくことがあります。

気がついたらスタッフが全くついて行けないといったことが有り得ます。

計画が頓挫したり、メンバーが離脱するなど、チームとして破綻を招くこともあります。

従って拡大脳がリーダーの場合は、メンバー以外のところで合理脳を補佐役に必ず付けることをお勧めします。

一代で大きなことを成し遂げる経営者は大概、拡大脳です。

ただその傍らには、必ず合理脳の補佐役がいることも忘れずに。

専門脳がリーダーだったら

リーダーが専門脳の組織編成は、開発型プロジェクト、技術会社などでよく見られます。

専門脳は予算管理や計画立案、工程管理などを、周りを気にせず与えられた目標達成に向け、自分の得意分野に没頭していきます。

その結果、素晴らしい開発や商品を生み出すという功績も大いに期待できます。しかし、組織を運営していくためには開発だけしていても、また商品をつくることだけしていても、拡大や成長は望めません。

従って専門脳がリーダーの場合は。必ず同等レベルに合理脳、拡大脳を置くことをお勧めします。

参考となるのは日本の自動車や電機製品の大手企業です。

技術者である専門脳と合理脳または拡大脳（もしくは両方が優位）のコンビで世界的な企業を築き上げました。

協調脳がリーダーだったら

リーダーが協調脳の場合、プロジェクトが順調に進んでいるときは良いのですが、何らかのアクシデントや問題が生じた場合に、その難局を乗り越えていくパワーを組織に与えていくことやメンバーを鼓舞することが苦手です。

また競争原理を導入するプロジェクトでは、どうしてもモチベーションを維持することが難しくなります。

従ってリーダーが協調脳のときは、拡大脳を横に配置することをお勧めします。

協調脳は、組織内の関係性を良い状態に調整していくことは得意なので、その組織の一体感を上昇気流に乗せていったり、組織力をより高めていったりするために拡大脳のパワーを活用することができます。

Part 3

「教える」を
デザインする

「教え」を素晴らしい「学びの体験」にする

教えることは、ただ情報を伝えるだけではありません。

例えるなら、シェフがただ食材を渡して「これで料理して」と言うようなものですね。おいしい料理をつくるには、レシピや調理手順、さらにはその場の創意工夫が必要です。

同じように、「教育」も計画と設計が大事なんです。

つまり、教育の原則を押さえたうえで、「どの手順で」「どの教授法を使い」「何を教えるのか」をしっかりとデザインする必要があります。

ここで登場するのが インストラクショナルデザインです。

これは、教育という大きなパズルを効率よく、そして効果的に組み立てるための体系的な手法と言えます。

難しそうに聞こえますが、安心してください。教育用語も記載していますが、細かく名称を覚える必要はありません。

このパートでは、誰でも使える形でわかりやすく解説していきます。

第7章では、教育設計の方法をご紹介します。理想の教え方を計画・実行するための具体的なステップを学びます。

第8章では、「どうやって学びを促進するか？」という疑問に答えます。「学習心理学」や「認知学習論」を活用し、学びの楽しさと効果を倍増させる方法をひも解きます。

第9章では、「問い」の力に焦点を当てます。

脳は優秀な探偵のようなもので、問いかけられた瞬間に答えを探し始めます。

つまり、良い問いを投げかけることは、学びのスイッチを押すようなものです。

「教えるをデザインする」とは、単なる技術ではなく、成長を促進させるような革新的な方法です。

あなたの教えによって、素晴らしい「学びの体験」に変わり、相手に良い変化をもたらすことができるのです。

第7章 教育指導のフレームワーク

skills to teach

教育指導におけるデザイン

本書は、教育する側を対象として、どのように教育指導すれば良いかを教授できる「教えるための教科書」という位置づけを目指しています。

ここまで脳神経科学をもとに、成果をつくるために必要なこと、実現力を養う方法、行動を促し成果につなげる方法について述べてきました。

そして、人間の脳の傾向性に基づいた言葉かけによって信頼関係を築き、効果的に人を動かす方法「科学的コミュニケーション」についても確認してきました。

そしてここからは、「教育設計」の方法についてご紹介していきながら、具体的な教育設計の実践についてお伝えしていきます。

科学的に裏付けられた教え方とは

本書は「科学的に裏付けられた」というタイトルになっていますので、飯山の持論ではなく、諸理論の知見からのエビデンスをもとに、効果的かつ効率的な「教え方」とはどういうものなのかをできるだけわかりやすくご紹介できればと思っています。

教授法については、「インストラクショナルデザイン（Instructional design）」（以下「ＩＤ」と称す）という手法を参考にしています。

ＩＤは、「インストラクター」つまり教育担当者が教育指導の際の教育方法をデザインすること。つまり教育方法をシステマチックに組み立てることを指しています。

自動車や家電製品などのものづくりはもちろん、ＷＥＢページの制作などにおいてもデザインは重要な要素になりますね。

デザインと聞くと、感性やセンスが大事だと思われる方も多いと思いますが、感性やセンス以前に、原則を押さえておくことが重要になるのです。

例えば、デザインの4原則というものがあります。

近接：関連する情報を近づける
整列：情報を一定のルールに従って並べる
反復：特徴的な要素をパターン化して繰り返す
対比：大きさや色を変えて情報の優先順位を明確にする

この4つを押さえてデザインを考えることが大事だとされています。

これ以外にも、統一性、階層、尺度や割合など、必要項目があります。

つまり、**押さえておくべき原則があり、原則を踏まえて設計していくことで、目的に合った、満足できるデザインになるということです。**

教育指導も同じで、教育方法の設計における原則を踏まえた上でカリキュラムを作成することで、効果的、効率的に教育指導を実施できるようになります。

ＩＤは、米国で軍の教育にも積極的に用いられていて、教育工学や心理学といった分野の研究結果が蓄積されているものでもあります。

次項から具体的に確認していきたいと思います。

skills to teach

「誰に」「何を」教育するかを設計する

教育方法を設計する際に明確にしておきたいことは、誰を対象として、最終的にどんなことができるようになることを目指しているのかということです。

まずは、誰を対象とするかです。

「新入社員」「現場の担当者」「入社3年未満の社員」「今年管理職となった人」など、教わる側、つまり学習者を明確に絞ります。

誰を対象に教育を実施するのかが決まったら、次に前提条件を洗い出す作業を行います。

どんな環境なのか、どんな手順でやっているのか、どんなニーズがあるのか、何が課題だと考えているのか、といったことを洗い出し、分析することからスタートします。

以下に前提条件を洗い出すための項目例を挙げてみます。

1．基本情報

・所属部署、役職、業務内容

・勤続年数や業界経験年数　など

2．スキルや技能レベル

・現在の専門知識やスキルの習熟度

・業務に必要なスキルとそれに対する自信の程度

・自己評価と上司・同僚からの評価（ギャップの確認）　など

3．課題や問題点

・現在直面している業務上の課題や問題点

・スキルや知識の不足が原因となっている部分

・業務の中で特に苦労している領域　など

4．目標と期待

・業務上での短期・長期的な目標

・自分自身が求めているスキルや知識

・教育指導に対する具体的な期待　など

5．時間と負荷

・教育指導に割ける時間
・教育指導中の業務負荷のバランス（同上）
・業務スケジュールや繁忙期への影響　など
※特にOFF－JT（オフ・ザ・ジョブ・トレーニング：業務外の教育研修）の場合は考慮する必要があります。

6．その他

・チームや組織のサポート体制
・過去に受けた研修や教育内容とその効果
・現在のモチベーションはどうか　など

こういった情報を、本人や同僚、上司のインタビューを通して得たり、アンケートを実施したりして収集します。他社や業界などの情報なども収集しておくと良いでしょう。

こうして前提条件を洗い出したら、次は情報の整理と分析です。

目的に合わせて、今回の教育指導の位置づけをどうするか、意義づけをどうするか、学習者にとっての意味づけはどうか、組織やチームにとってどんな意味を持つか、など情報の整理、分析を行います。

そうして初めて「何を」教育指導すれば良いかの方向性を決めていきます。

いきなり「何を」教育指導するかを決めてしまう組織やチームもありますが、これでは教育効果が得られないばかりか、かけた時間、費用も無駄になってしまうことがあります。

第1章の中でもお伝えしたように、「前提条件→予見」という流れで考えてみましょう。

skills to teach

教育指導のゴールを設定する

教育指導の方向性が決まり、「何を」教育していくかが決まれば、次に教育指導のゴールを設定します。

ゴール設定は、教育指導が終了したときに学習者が到達している地点を明らかにするものです。

そして、そこに到達したことで教育指導の目的を達成できるものでなくてはなりません。

このゴール設定は、次の3つの観点から考えます。

①目標行動
②評価条件
③合格基準

①目標行動

教育指導を実施する理由は、教育することによって学習者の行動が変わることを目的としています。

ですから、学習者がどんな行動ができるようになれば良いのかを明確にしておくことが必要です。これを「目標行動」と言います。

目標なので、目で見えるように、つまり測定できるようにすることがポイントです。簡単に言えば、テスト（効果測定など）を作成するイメージです。「どんなテストに合格したら修了になるの？」ということです。

何らかのメニュー構成を答えられることが目標であれば、ペーパーや口頭、WEBなどでメニュー構成を回答するようなテストを実施します。

接客のテストであれば、ロールプレイングなどを通して、上司等が採点する方法も考えられます。

機械の操作であれば、操作方法のテストを作成する、実地で確認して採点するということになるでしょう。

②評価条件

次に「評価条件」について考えてみます。

例えば、商談の際の価格交渉であれば、「電卓を使って」とか「カタログを参照して」など。

操作方法であれば、「操作マニュアルを見ずに」などと、学習者が目標行動を行う際に、何を使って良いのか、あるいはどんな制限があるのかを示すものです。

1年に1回しかないような作業であれば覚える必要はありませんから、仕事や職場で求められる条件に合致させましょう。

③合格基準

最後に「合格基準」です。

全問正解や目標をすべて達成することで合格なのか、それとも80％以上で合格とするのか。誤差5％未満で合格とするといった正確さを求めるものもあるでしょう。

企業や職場で求められる基準に合致することが必要になります。

以上のように、ゴール設定は、目標行動、評価条件、合格基準の3つの観点から考えていきましょう。

skills to teach

教育コンテンツのつくり方

ここまで教育指導を行う際の前提条件から教育内容の方向性、そしてゴール設定について解説してきました。

教育研修の「入口と出口」が明確になったわけです。

単純に表すと、

教育指導の前（入口）「〇〇ができない（知らない）」

↓

教育指導

↓

教育指導の後（出口）「〇〇ができた（理解した）」

ということになります。

そして、入口から出口に向かうための教育指導の内容、具体的なコンテンツを作成するということになります。

ここで注意したいこととしては、**「一度に多くのことを教えようとしない」**ということです。

段階的にステップをつくって、一段ずつ階段を上がるようなイメージで作成したいですね。

もちろん学習者の個人差がありますので、飛び越えてステップアップできる人もいるでしょう。

先の脳思考タイプで言うと「合理脳」や「拡大脳」の人です。

しかし「専門脳」や「協調脳」のような、一つずつこなしていくタイプの人は、先のことまで見通せませんので、目の前のことに集中させたほうが良いです。

ですから、教えたいことをどんな順序で伝えていくかをきちんと設計したほうが良いですね。

教育指導の魅力を高めるには

ここでは、教育指導の魅力を高めるためにどうしたら良いかを考えてみます。

私も教育指導として研修を行う立場です。

「研修の魅力とは何か」と問われたら、「もっと学びたいと思えること」、とお答えしています。

魅力のある研修は、単に面白い、楽しいというだけではなく、「このことに出会えた喜び」があり、「このことを大切にしたい」という思いが確信となり、気づいたら誰にも言われなくても勝手に自ら進んで取り組んでいる、深掘りしている。

こうした変化が学習者に起きれば、それは魅力のある研修だったと言えるのではないでしょうか。

一方で、研修が終わった喜びと開放感だけで、その後使うこともせず、振り返ることもなく、いつの間にか忘れてしまっているという研修もあります。

そこで、魅力的な教育指導かどうかについては、「ARCS（アークス）モデル」に当てはめて考えてみると良いでしょう。

ARCS（アークス）モデルとは

ARCSモデルは、動機づけに関する心理学の集大成とされ、ジョン・M・ケラー氏（米国フロリダ州立大学名誉教授・教育心理学者）によって提唱されました。

A：Attention（注意）「面白そう」
好奇心をくすぐること、マンネリを避けること。

R：Relevance（関連性）「役立ちそう」
研修の意義が感じられる、メリットがあること。

C：Confidence（自信）「やればできそう」
着実に進んでいること。自分でコントロールできること。

S：Satisfaction（満足感）「やって良かった」
やって成果が見えること。周りから肯定的な評価があること。

この4つの観点から教育指導の内容を設計していくことをお勧めします。

skills to teach

心理的安全性を考慮した学習環境をつくる

ここまで教育指導をデザインするという観点で見てきましたが、学習者の学習環境にも目を向けていきます。

なぜなら、特にＯＪＴ（オン・ザ・ジョブ・トレーニング：実際の仕事を通した教育指導）においては、学習者の置かれた学習環境によっても学習効果が左右されるからです。特に新入社員など入社して間もない場合や配属されたばかりのときは、初めてのことばかりで不安感が大きいと思います。

そう誰でも初めは初学者だったのです。

では、初学者だった人が熟達者になるためには一体何をしたら良いのでしょうか。

これに答えるには認知心理学や認知学習論が役に立ちます。

「桃栗三年柿八年」や「石の上にも三年」ということわざがあるとおり、何か一つのことを上達させるには年月がかかることがわかります。

ただ、初学者が熟達者の仕事ぶりを見ているだけでは一向に上達することはありません。

なぜならば、「どこに着目したら良いのか」がわからないからです。

昔から職人の世界で「見て覚えろ」的なこともあり、営業でも同行させて仕事ぶりを見せるということはあります。

ただ、これも単に見ているような状態では、先に述べたとおり「どこを見たら良いのか」がわからないので、そのままでは上達していきません。

ですから、指導する上司などが「ここを見ておけ」とポイントを示す必要があります。

つまり、一人の人間が熟達してプロになるためには、それを外から支援する仕組みが必要であり、これを行うのが、上司や先輩ということになります。

これについては、認知科学者のアラン・コリンズが提唱した「認知的徒弟制」がヒントになります。

認知的徒弟制とは

認知的徒弟制とは、親方（熟達者）と弟子（学習者）の間で古くから行われてきた徒弟制の職業技術訓練から、その学習プロセスを認知科学の観点で理論化したものです。

認知的徒弟制では、学習者と熟達者は

（1）モデリング（modeling）
（2）コーチング（coaching）
（3）スキャフォールディング（scaffolding）
（4）フェーディング（fading）

の4つのステップを踏むことで、効果的かつ効率的に知識・技能の修得・継承ができると考えられています。

まず第1段階のモデリングでは、熟達者が学習者に模範を示し、学習者はそれを観察して視覚的に理解します。

次に第2段階のコーチングでは、熟達者が学習者のレベルに合った課題を与え、ヒントや助言を与えながら模範のとおりにできるよう指導します。ここで学習者は何度も失敗しながら上達していく過程を踏みます。

そして、ある程度のことができるようになったとき、第3段階のスキャフォールディング（足場づくり）に進みます。この段階で行うのは、今後、学習者が自分でできるところは自分でやれるようにし、できないところだけサポートするようにします。

そして、徐々にサポートを少なくしていき、学習者を自立に導くのが第4段階のフェーディングです。

人は一人では成長できません。

人が成長するとき、その傍らにはかけがえのない誰かの存在があります。

こういうパートナーシップを築いていきたいですね。

人は人でしか磨かれないのです。

第8章 学びを促進させる

skills to teach

学ぶとはどういうことか

本書は「教えること」がメインテーマではありますが、教育指導が効果的に行われるには「教わる側」、つまり「学習者」の視点に立つことが重要です。人が学ぶとはどういうことなのかを理解することが、教えるスキルに直結しますので、この章では「学びを促進させる」ことをテーマに「学習心理学」や「認知学習論」

に基づいて解説していきたいと思います。

eラーニングを利用してTOEICや資格試験の勉強をされた方もいらっしゃると思います。私も資格取得に向けた勉強で利用したことがあります。

パソコンの画面で問題が表示され、順番に答えていき、その場で正誤が判定されるといったものです。

正解すると、女性の声で「正解です！　すごいですね」なんて言われ、「よし、もっとがんばるぞ！」なんて思ってました。

間違った場合も同じ調子で丁寧に解説してくれるので、「なるほど！　次は正解しちゃうぞ」とモチベーションが上がっていました。

このとき、目の前に表示される問題は「刺激」であり、答えることは「反応」になります。そして成功して女性から与えられるほめ言葉が「強化」となります。

こうして次第に刺激と反応の組み合わせが脳の中に構成されていくこと、つまり「繰り返すことで学習効果が上がる」ということです。

また、見たり、聞いたり、触ったりして、五感（視覚、聴覚、触覚、味覚、嗅覚）から脳に情報が入力されると、まずは短期記憶領域に蓄えられて処理を行い、その後、保存する必要のあるものは長期記憶領域に保存されます。
ただ、この長期記憶領域に保存されるには条件があって、何度も繰り返すことや、意味づけをしたりすることが必要となります。

このように、人間の脳をコンピュータと同じように捉えて「脳の中で情報処理を行っている」ということも明らかになりました。
さらに、例えば仕事のスキルを習得する際、最初は上司や先輩についてやり方を学ぶことから始まり、次第に自分でできるようになっていくというプロセスを踏んで一人前になっていくということがあります。
このように一人前になるプロセスでは、自分一人ではなく、様々な人やツールの助けがあることも忘れてはいけません。

以上の学術的なエビデンスを踏まえ、私なりに「学習する」を定義すると以下のようになります。

外部からの情報を得て、実践する（繰り返す）ことで、知識（自分の中で整理された記憶）に変えること。

いかがでしょうか。

こう考えると、教え方として、

「何を伝え、どのように実践してもらい、結果としてどんな知識を得たのか」

を確認することができますね。

skills to teach

やる気はどこから？

心理学では、人は何らかの「欲求」があって、それに突き動かされているという考え方からスタートしています。

ですから、**心理学ではやる気のことを「動機づけ」（モチベーション）**と言います。

ということは、人がどんなことに動機づけされるかがわかれば、やる気を引き出すことも可能になるということです。

欲求5段階説

動機づけに関する理論の代表的なものに、米国の心理学者「アブラハム・マズロー」が提唱した「欲求5段階説」があります。

人間は低次の欲求が満たされると、高次の欲求が現れると考えました。最下層の「生理的欲求」から順に「安全の欲求」「社会的欲求」「承認欲求」「自己実現の欲求」と高次の欲求に上がっていくとしました。

X理論・Y理論

同じように、人は低次の欲求（X理論）を満たすと高次の欲求（Y理論）を求めるとしたのはダグラス・マグレガーの「X理論・Y理論」です。

X理論は、人は生来怠け者なので、金銭などの報酬や監督管理が必要だとするもので、Y理論は、人は本来自ら進んで働きたがっており、自己実現のために行動すると考えたのです。

「衛生要因」と「動機づけ要因」

そしてもう一人、フレデリック・ハーズバーグは、人間の欲求には不満につながる欲求と、満足につながる欲求の2種類があると提唱し、不満につながる欲求を「衛生要因」、満足につながる欲求を「動機づけ要因」と名づけました。

衛生要因は、主に職場環境のことで、作業場所や休憩時間、報酬や業務内容、そして一緒に働く上司などになります。

これらは満たされなければ不満になりますが、満たされたからといってやる気につながるものではないということです。

一方、動機づけ要因は、達成感や人から認められること、やりがいや成長を感じられるといった、やる気を高める要因のことです。

以上、代表的な動機づけ理論を簡単にご紹介しました。

しかし、近年は自由で創造的な発想を促すためにオフィス空間のデザインを変える、報酬や給与の仕組みを変える、または給与に関係なく好きな仕事ができるといったように、低次の欲求を満たすことで高次のやりがいなどの欲求につなげている企業や組織もあります。

そう考えると、人のやる気は必ずしも低次から高次に段階的に上がっていくというものでもないし、低次だ高次だと分けることでもないということがわかります。

次項からは、やる気についてさらに考察を進め、やる気をつくるために、やる気を引き出すためにはどうしたら良いのかについて述べていきます。

やる気のメカニズム

やる気とは動機づけである、ということは前項でお伝えしました。

そして諸理論についても簡単にご紹介してきましたが、必ずしも当てはまらないケースもあるということも見てきました。

では、人は何によって動機づけされるのでしょうか。

それを解明するのが、**「内発的動機づけ」**と**「外発的動機づけ」**です。

内発的動機づけ

内発的動機づけは、面白い、楽しい、やりがいを感じるなど、強い興味・関心を持つ、向上心があるなど、自分の内側から湧き上がる動機づけを言います。

外発的動機づけ

外発的動機づけは、給与などの報酬、昇給・昇格、罰則、称賛など外からの刺激によって生まれる動機づけを言います。

実は、動機づけの研究はまずこの外発的動機づけから始まっています。

やはり人は何らかの外からの刺激によって動かされるというように考えられていたのでしょう。

外発的動機づけの例としては、

「時間までに決められた仕事ができなければ給与は減額する」

「今月の目標が達成できなかったら別の部署に行ってもらう」

という罰則（苦痛）もあれば、

逆に

「売上を達成すれば昇進できる」

「年間通してこの水準になれば給与が上がる」

という称賛（承認）もあります。

ただ、外発的動機づけでは、その動機づけが与えられない状況になるとやる気が低下することもあります。

学生がテストがないと勉強しなかったり、テストの出題範囲が明示されると、その範囲しか勉強しないという行動を考えるとわかりやすいかもしれません。
また、自分自身の給与や昇進といった報酬的なことや達成できなかったときの罰則ばかりに意識が向き、個人的な欲求に一喜一憂するだけになってしまい、結果としてパフォーマンスの低下を招く恐れもあります。

このように外発的動機づけは、低次の欲求では効果的であったかもしれませんが、現代のように高次の欲求を求めている人達には響かないことが多々あります。
そこで、内発的動機づけが注目されるようになりました。

実は、この内発的動機づけを高める方法について、第1章から第6章の中で述べてきました。

ですので、ここでは内発的動機づけを高め、やる気を引き出すためにはどうしたら良いのかをまとめたいと思います。

skills to teach

やる気を引き出す2つのこと

私は、**やる気を引き出すポイントをひと言で表現すると、「知的好奇心と主体性」だと言っています。**

知的好奇心をかき立てるためには、人それぞれに「好奇心スイッチ」が違うので、脳思考タイプに合わせた関わり方が大事だということは先に述べたとおりです。

「関わる」というのは、ある意味外部からの刺激ということになるので、外発的動機づけになるのでは？

と思われるかもしれませんが、それをきっかけに内部からの動機づけを生み出すということにおいて、内発的動機づけに効果的に働いていると思っています。

「面白そう」

「やってみたい」

という好奇心を引き出せればＯＫです。

そして、主体性です。

主体性とは簡単に言うと「自分で決めて、自らの責任で行動できる」ということです。

最近よく若い社員が無気力になっているという話を聞きます。

では最初から無気力だったのでしょうか？

いいえ、違います。

無気力になってしまったのです。

ではなぜ無気力になってしまったのでしょうか？

「無気力」の原因

サーカス団のゾウのお話をご存じの方も多いと思います。

サーカス団に連れて来られた子どものゾウは鎖と杭でつながれます。

最初は何度も逃げようとしますが、子供のゾウの力ではどうにもなりません。

そのうち子どものゾウは鎖の長さの範囲でしか行動しなくなります。

このゾウは、立派な大人のゾウになってもやっぱり鎖と杭でつながれています。大人になったゾウは、子どもの頃とは比べ物にならないくらい強い力を持っていて、その気になれば杭なんか簡単に抜くことができるはずです。

しかし、大人になったゾウは、いつものように鎖の長さの範囲でしか動き回らないのです。

つまり、ゾウは自分でコントロールできない状況に長く置かれたことで、受動的で無気力になってしまったということです。

このことから言えるのは、人も自分の力でコントロールできない状況に長く置かれると、やる気を失ってしまうということです。

目的を伝えられないまま仕事の変更が続いたり、理由がわからずキャンセルされることが続いたり、自分の権限や裁量がないといった状況は、自分の力ではコントロールできません。

こうしたことが続くと、人はやる気を失い、無気力になってしまうのです。

例えば、決算賞与などが支給されるといった良い状況であっても、それが自分の働きとは関係なく支給されるのであれば、やっぱりやる気の喪失につながるのです。

つまり、自分に状況を変える力があって、主体的に行動していると感じるときに内発的動機づけが高まるということです。

第9章 すべては問いから始まる

skills to teach

「問い」を活用する

「学ぶとはどういうことか」という問いから、

「学ぶとは外部からの情報を得て、実践する（繰り返す）ことで、知識（自分の中で整理された記憶）に変えること」

と定義しました。

そして、「やる気を引き出すとはどういうことか」という問いから**「やる気は動機づけであり、中でも内発的動機づけに焦点を当て、知的好奇心と主体性をもって内発的動機づけを高めることが重要」**と結論づけました。

このように**「問い」**を使用することで、何らかの答えを導き出せます。**脳は問いかけたとおりに、全力で答えを見つけ出そうとするからです。**

この脳の機能をうまく使っていきたいですね。

私は研修やセミナーの講師としての「人財教育家」という肩書きもあれば、個人やチームをコーチングする「メンタルコーチ」という肩書きもあります。

人財教育家でありメンタルコーチである私が使用するのが、この「問い」です。

セミナーや研修では、まず最初にそのときのテーマに応じて「◯◯とはどういうことか」という問いから入ります。

その後、具体的に掘り下げていく際にも「◯◯があると何が良いか」、「◯◯を活用するためにはどうすれば良いか」など、問いを使います。

企業やスポーツチームを対象としたチームコーチングや個人を対象としたパーソナ

ルコーチングでも、「いまチームの状態はどうか」、「私たちが目指していることは何か」といった、問いからスタートします。

『すべては問いから始まる』

とは私の格言ですが、どのような問いを投げるかで回答が変わりますので、「何を」問うかが重要となります。

「問いをつくる」「問いを立てる」という表現がありますが、私は**「問いをデザインする」**という表現をしています。

家を造るのと同じようなイメージです。

家を造る際には、完成イメージがあり、設計図を作成し、組立順序を決めて造っていきます。

同じように「問い」も、行動変容した姿を描き、問いを設計し、問いかけの順序を決める、という流れで問いをデザインしていきます。

例えば、営業パーソンを対象とした教育指導において「商談を一人でできるようになる」ことをゴールとするのであれば、商談のプロセスの各段階で問いを設計して、順番に学習者に問うことで、考えて行動することを促します。

本書でも随所に問いを入れているので参考にしていただければと思います。

やる気を引き出すためには、知的好奇心と主体性がポイントになると前述しました。

「問い」を使うことで、知的好奇心をくすぐり、自分で答えを見つけ出し行動できるようにすることができるのです。

また「ChatGPT」や「Gemini」などＡＩ（人工知能）の進展により、情報やノウハウを提供するという教授法は、今後ＡＩがやってくれるようになります。

そしてこのＡＩを動かすのはプロンプト（指示文）ですが、そこにも問いの力は重要になります。

このように、問うスキルは今後とても重要になるでしょう。

問うスキルを高める

問うスキルとして具体的に知っておいていただきたい**「クローズド・クエスチョン」と「オープン・クエスチョン」**という2種類の問いについてご紹介します。

クローズド・クエスチョンとは

クローズド・クエスチョンとは、問われた人が「Yes or No」、「はい　か　いいえ　か」、「○か×か」というように、答えが限定される問いかけの仕方です。

他にも「AかBかCか」という選択肢を与えて答えてもらう方法もあります。

例えば、「目標はありますか？」「それをやりますか？」「仕事は楽しいですか？」といった問いかけをされると、「Yes or No」での返答になりますね。

では、クローズド・クエスチョンはどんなときに使ったらいいのでしょうか？

答えは、**相手の言ったことを確認したり、決断を促したりするときに使用します。**

上記の問いが「確認」や「決断」を促していることを確認してみて下さい。

アンケートで選択肢を答えさせるものはクローズド・クエスチョンになっていますね。

ただ、指導の際のクローズド・クエスチョンには注意すべきことが2点あります。

1つ目は、多用してしまうと回答の幅が狭められ、相手は話したいことを十分に話せなくなってしまうということです。

そうすると、本音が出てこなくなり、最終的に「やります」と言っても結局は実行しないということになりかねません。

2つ目に、指導する側が「答え」を持っている状態で問いかけすると「誘導尋問」になりやすくなるという点が挙げられます。

例えば「営業成績を上げるためには○○が必要だと思うが、どう？」と問いかけると、「まぁ、そうだと思います」と答えるのが関の山ですね。

このとき指導される側の脳の中では「結局はそうやれっていうことだろ」と半ば諦めてしまい、義務感を抱いてしまいます。

「わかっているのならやれよ」なんて畳み掛けても、実際には実行しないということはよくある話です。


以上2点に注意しながら、クローズド・クエスチョンを使用してみて下さい。

もう1つは、オープン・クエスチョンです。

オープン・クエスチョンの作法

オープン・クエスチョンとは、問われた人からどんな返答があるかわからない、広がりのある答えが期待できる問いかけの仕方になります。

先程のクローズド・クエスチョンをオープン・クエスチョンに変換してみましょう。

「目標はありますか？」→「どんな目標をつくってみますか？」

「それをやりますか？」→「それをやるために必要なことは何ですか？」

「仕事は楽しいですか？」→「仕事が楽しいと思えるのはどんなときですか？」

いかがでしょうか。

どんな答えが返ってくるかわかりませんよね。

では、オープン・クエスチョンはどんなときに使ったら良いのでしょうか？

答えは、**相手の持っている何らかの答えを「引き出す」ときに使用します。**

ですから、オープン・クエスチョンをすると沈黙ができます。

この沈黙は問われた側が考える時間です。

だから沈黙は大歓迎なのです。


逆に相手がさっさと答えてしまうような問いかけは、相手にとっては「わかっている」「知っている」ことを単に答えているだけなので、意味のない問いになります。

相手が考える、つまり沈黙が生まれるような問いかけを心がけてみましょう。

この2つの問うスキルを駆使して、相手のやる気を引き出し、行動を促していきます。

相手が考える問いとは

前項で「相手が考える問い」をしていきましょうと述べましたが、実際にどうやったら良いのでしょうか。

ここでも2つの方法をご紹介します。

①具体化する

まずは「具体化する」という方法です。

仕事の現場においては、具体的に考えていかないと実行できません。

例えば「売上を上げる」ことを考えてみましょう。

いくら「売上を上げよう」なんて声高々に叫んでいても、具体的に何をしたら良いのかがわかっていないと実行できませんよね。

だから「売上」を具体化していく必要があります。

まずはオープン・クエスチョンで問うことができますね。


例えば「売上を上げるために何をしたら良いと思いますか?」と問います。

そうするといくつかの答えが返ってくることが予想されます。

ただ、なかなか答えに困ってしまうというケースもあるかもしれません。

そんなときは、売上=金額×数量という公式から導き出すということもできます。

売上を上げるというのは、金額を上げるか、数量を上げるか、両方を上げるかということになりますね。


ここはクローズド・クエスチョンで問うことになります。

そして、数量(ここでは客数)を上げるということになれば、新規顧客を増やすのか、既存顧客のリピートを増やすのかという2択になります。


ここでもクローズド・クエスチョンで問うことになりますね。

ただ、この先の「新規顧客を増やす」もしくは「既存顧客のリピートを増やす」ためにはどんな方法があるか？　というのはオープン・クエスチョンで問いかけていきます。

他にも「いつ頃実行したら？」「どんな場所だったら？」「どんな顧客に？」「何があったら？」「なぜその方法が良いと？」というように５Ｗ１Ｈ（When：いつ・Where：どこ・Who：だれ・What：なに・Why：なぜ・How：どうやって）で問いかけることで、具体化することができます。

特に「なぜ」と目的を問うのは重要ですね。

「なぜ、その方法が有効だと考えるのか」
「なぜ、今回このプロジェクトが必要なのか」
「そもそもなぜ新規顧客の獲得が重要だと考えたのか」

といった問いかけで目的を明確にして下さい。

具体化するという方法があれば、「抽象化する」方法もあります。

「要するにどういうことなのか」とまとめ上げる問いかけです。

この問いかけは全体像を把握したいときに使用します。

②視点を変える

もう1つは、「視点を変える」という方法です。問われる側の固定概念を変えたり、思い込みから脱して可能性を拡げる、新たな気づきを引き出すために使用します。

例えば、自分以外の人の視点に変えるということができます。

「顧客は何を望んでいると思うか」
「社長は君に何を期待していると思うか」
「部長だったら君にどんなアドバイスをすると思うか」

他にも、もし部下などがネガティブになってしまっているときは、ポジティブな面に視点を変えるということもあります。

「できていることは何か」
「成功したときに誰が喜んでくれると思うか」
「自分が一番うまくいっていると感じるときはどんなときか」

また、万能なのは「視点を仮定にする」という方法です。

「もし、〇〇だったらどうするか」という問いかけです。

「もし、イチローだったら」

「もし、坂本龍馬だったら」

と憧れや目標とする人物の視点に変えることもできますし、

「もし、すべての条件が整ったら」

「もし、ここまでしかできないとしたら」

というように、制約条件を外す、逆に制約条件をつけるという方法もあります。


ここまで具体的な問いかけの方法について見てきました。

これらの方法を駆使して問いかけをデザインしていきます。

一つの大きな流れとしては、下記のようにデザインしてみて下さい。

・クローズド・クエスチョンで現状を確認する
・オープン・クエスチョンで解決策を引き出す

このときに「考える問い」を使用します。

・クローズド・クエスチョンで決断と行動を促す

必ずしも問いかけの「正解」があるわけではありませんので、いろいろとトライアンドエラーを繰り返して、自分なりの問いのデザインを考案してみましょう。

あとがき

教育指導ができる「教育者」を一人でも多く

本書では、「成果をあげる関わり方」とその「教え方」について述べてきました。
実はこれらは
「リーダーシップ」
の側面もあるのです。

関わる人や組織、チームを成果に導くことがリーダーの重要な役割となりますが、そのときに「関わり方」や「教え方」を理解して、実践できるかどうかが問われます。

本文の中で「学習する」ことを
「外部からの情報を得て、実践する（繰り返す）ことで、知識（自分の中で整理された記憶）に変えること」

と定義しました。

ぜひ、本書から得た「情報」を「実践」して「知識」にしていって下さい。

まずは教える側が「学習する」ことが大事です。

なぜなら、自分ができないことや、知らないことを教えようとするのは非常に困難だからです。

高校や大学、企業でも「指示待ち人間」が増えているという話をよく聞きます。

コロナ禍を経て、この傾向はさらに加速しているようにも思います。

これは、これまで受け身の学習しかしてこなかったことが影響していると考えています。

つまり、先述の学習の定義から見ると「情報」を得ただけ、というより聞いただけ、ただ単に苦痛な講義や指導を受けただけという状態です。

このような学習しかしてこなかったら指示待ちになってしまうのも仕方がないです

よね。

これは「伝える」ことに主眼を置いた教育指導をしてきたからです。

ですから本書では**「考える」ことに主眼を置いた「教えるスキル」**をお伝えしてきたつもりです。

これからの激動の時代を乗り切る「生きる力」を育むためにも、自分で決めて自らの責任で行動できる、自立した主体性のある人を養成していくことが求められます。

そんな教育指導ができる教育者が一人でも多く誕生し、一緒に日本の元気のために活動していくことを楽しみにしています。

最後に、これまでご縁をいただいてきた企業やスポーツチーム、そしてアスリートや受験生とその親御さんが実践して成果をあげてくれたこと、また、銀座コーチングスクールやブレインアナリスト協会、SBTスーパーブレイントレーニングのノウハウがあったからこそ、本書を世に出すことができました。

本当にありがとうございます。

[著者紹介]

飯山晄朗（いいやま・じろう）

◎メンタルコーチ／人財教育家
◎経済産業省登録 中小企業診断士。銀座コーチングスクール認定プロフェッショナルコーチ。JADA（日本能力開発分析）協会認定 SBT マスターコーチ。ブレインアナリスト協会認定シニアブレインアナリスト。
◎富山県高岡市出身。石川県金沢市と東京青山にオフィスを構え、全国で活動している。
◎メンタルコーチを務めたアスリートがリオデジャネイロ五輪で銅メダル、平昌五輪で金メダル、東京五輪で金メダルを獲得。また高校野球で、歴史的大逆転劇で甲子園出場を決める、24年ぶりの甲子園決勝進出など、その実績は数えきれない。
◎中小企業基盤整備機構や全国の中小企業大学校で「リーダーシップ」「コーチング」等の講師を務め、キャンセル待ちが出るほどの人気講師となっている。
◎主な著書に『いまどきの子のやる気に火をつけるメンタルトレーニング』（秀和システム）『勝者のゴールデンメンタル』『超メンタルアップ10秒習慣』（共に大和書房）『超メンタルコーチング BOOK』（KADOKAWA）などがある。
お問い合わせは、office@coach1.jp

カバーデザイン　井上新八
本文デザイン・図版　荒井雅美（トモエキコウ）
校正　鷗来堂
編集　大野洋平

科学的《かがくてき》に裏付《うらづ》けられた教《おし》えるスキル
2025年2月20日　初版発行

著　者　飯山晄朗《いいやまじろう》
発行者　山下直久
発　行　株式会社 KADOKAWA
〒102-8177　東京都千代田区富士見 2-13-3
電話 0570-002-301（ナビダイヤル）
印刷所　大日本印刷株式会社
製本所　大日本印刷株式会社

●お問い合わせ
https://www.kadokawa.co.jp/（「お問い合わせ」へお進みください）
※内容によっては、お答えできない場合があります。
※サポートは日本国内のみとさせていただきます。
※ Japanese text only
定価はカバーに表示してあります。

ISBN 978-4-04-607370-9 C0037